社会福祉学の科学方法論

筆者の著書
『社会福祉学の探究』を通して

竹原 健二 著

本の泉社

はじめに

社会福祉学は、社会科学（以下、科学［弁証法的唯物論及び史的唯物論］と言う）の分野に属する学問（**一定の福祉理論に基づいて体系化された法則的知識と方法**）である事は言うまでもない（だからと言って、教育学や心理学方法による社会福祉研究を否定するものではない）。そして社会福祉学の研究は、**思弁**（経験による事なく、ただ純粋な思考によって経験を越えて社会福祉の真理の認識に到達しようとする事）や**仮定**によってではなく、現実に存在する社会問題としての生活問題を解決していく学問である。現在の社会福祉の法制度の批判的検討は一般的に行われており、重要である。しかし社会福祉の本質の解明は、「法的（社会福祉の法制度―挿入、筆者）諸関係……、それ自身で理解されるものでもなければ、またいわゆる人間精神（博愛の精神、相互扶助の精神、ボランティアの精神、自立の精神等―挿入、筆者）の一般的発展から理解されるものでもなく、むしろ物質的な生活諸関係、そういう諸関係に根ざしている」（カール・マルクス［武田隆夫・その他訳］『経済学批判』岩波書店、1956年、12～13頁）ので、その本質解明は資本主義社会の生産様式との関連で解明されなければならない。つまり「従来の福祉国家（社会福祉―挿入、筆者）は、生産関係とは無関係な人間の権利に関する問題であるとされてきた」（聴濤弘著『マルクス主義と福祉国家』大月書店、2012年148頁。）それ故、筆者は社会福祉学を「人間の権利に関する問題であること」を堅持し発展させていくと同時に、資本主義社会の生産様式（生産様式は、生産力と生産関係の統一である）との連関で考察していくことが科学方法であると考えるし、しかもアソシエーション（association）社会における社会福祉を展望したものである。そして従来の社会福祉論は、**科学**（福祉観察や福祉実践・福祉労働によって実証していく**法則的**・体系的知識）**方法論**が欠けている為、社会福祉の本質を看過した現象論（社会福祉基礎構造改革後の社会福祉に順応した社会福祉論、社会福祉の変容の解釈論及び社会福祉のモデル論、実用的な福祉実践論、歴史的かつ社会福祉問題性を看過した単なる実証主義的な社会福祉論、外国の社会福祉の啓蒙論、権威者の単なる継承の**発展**のない社会福祉論の教条主義的な啓蒙論等）が多い。しかも「従来の福祉観がどちらかというと財貨（生活手段—挿入、筆者）の側に視点を置いて平等な福祉観を論じてきたのに対して、視点を180度転換して、人間（福祉利用者—挿入、筆者）の側に移したのです。生存に必要なさまざまなモノは、人間（福祉利用者—挿入、筆者）にあたって不可欠なものであるが、そのモノの価値はそれを活用する人間（福祉利用者—挿入、筆者）の潜在能力によって可変的である。したがって、人間（福祉利用者—挿入、筆者）生活の福祉を考える場合にはモノ（社会福祉労働によるサービスそのモノあるいは社会福祉の法制度そのモノの生活手段—筆者、挿入）それ自体ではなく、それを活用して生きる人間（福祉利用者—挿入、筆者）の潜在能力に視点を移して、その発展を考えなければならない、[1]」と明言する事ができるが、しかし筆者は人間（福祉利用者）が生きていく為には衣食住（モノ）が絶対的に必要なので、社会福祉労働によるサービスそのモノあるいは社会福祉の法制度そのモノの生活手段と生活手段そのモノを使用して生きる人間（福祉利用者）の生活活動（機能）の基盤である人間らしい健康で文化的な潜在能力（抽象的人間生活力＝人間が生活する際に支出する脳髄・神経・筋肉等を意味する・抽象的人間労働力＝人間が労働する際に支出する脳髄・神経・筋肉等を意味する）の維持・再生産・発達・発揮を統一的に捉えていく事が重要であると考える。

そして、大学は科学方法論に基づいた学問を教授する場であるが、大学の社会福祉学科の授業においては、資格取得の為の授業に厚生労働省の教科シラバスに沿った講義を優先させ、１年間の授業が終わっているように思われる。既成の社会福祉学の基礎的知識の上に、さらに「本来、大学教育は、担当教員の研究成果をその方法論も含め、学生に教授することにある[2)]」と考える。

また、「叙述の仕方は、形式上、研究の仕方とは区別されなければならない。研究は、素材（社会問題としての生活問題や社会福祉労働等―挿入、筆者）を細部にわたってわがものとし、素材のいろいろな発展形態を分析し、これらの発展形態の内的な紐帯（社会問題としての生活問題と社会福祉労働との連関―挿入、筆者）を探りださなければならない。この仕事をすっかりすませてから、はじめて現実の運動（社会福祉内に存在している矛盾対［使用価値と価値・剰余価値］に対する福祉利用者にとっての社会福祉の使用価値を高めていく変革運動―挿入、筆者）をそれに応じて叙述することができるのである。これがうまくいって、素材の生命（社会福祉の本質［価値・剰余価値］―挿入、筆者）が観念的に反映することになれば、まるで先験的な構成がなされているかのように見えるかもしれないのである。」（カール・マルクス［岡崎次郎訳］『資本論（１）』大月書店、1972年、40頁）さらに述べておきたい事は、論争の促進は学会の役目だと思うが、社会福祉学の世界で「世を動かすほどの論争がまったくなくなってしまった。それぞれが自分の持ち場で紳士的にものをいい『他流試合』をしなくなってしまった。これは一種の『知的頽廃』現象である。論争がなければ世の中は変わらない。……いま誰か一人が『正解』をもっているほど単純な世界ではない。意見はいろいろある。……意見を交換し論争も行い進歩に向けて大きな輪をつくっていくことが求められている。」（聴濤、前掲書、194～195頁）筆者のこの著書と『社会福祉学の研究』の著書が論争の契機になれば望外の喜びであう。それでは以下、筆者の著書『社会福祉学の探究』（小林出版、2017年）を用いて社会福祉学の科学方法論を叙述していく。

目　次

1

社会福祉学の視点

1　会福祉学の視点

ところで一番ケ瀬康子氏が「『社会福祉学』は、体系化を思考するよりは、『問題発見』、『問題解決思考型』の『学』だと捉えています。その『スタディ型』の性格が、『独自性を生み出した』とも思っています。『社会福祉学の独自性につきましては、私は、まだまだ『私論の段階』で、あまり確定的に申しあげるのは僭越だと思いますが、ともあれ、『実践学』だ、という性格は明確に踏まえておくことが必要だと思っています[3)]。」と言う**一面的な主張**に疑問を感じる。筆者がこのように感じるのは、医学・教育学・経済学・法学等も実践（一定の目的を持って自然・社会・人間に働き掛ける人間の活動を言う）を基礎として歴史的に発展してきた点を明確に踏まえて置く必要があるし、そしてまた、これらの学問（学問とは、一定の理論に基づいて**体系化**された**法則的知識**と**方法**であると言う意味である）がなぜ学問として確立されているのかと言う点をどのように考えるかである。

そして、社会福祉学が実用的な福祉実践（福祉労働）の必要性から発展してきた点（前述した医学・教育学・経済学・法学等も実用的な実践［労働］の必要性から発展してきた事)、特に社会福祉はアマルティア・センが指摘されているように、「『福祉』（well-being）はひとが実際に**成就**するもの―彼／彼女の『状態』（being）はいかに『よい』（well）ものであるか―に関わっている[4)]。」ので、そして、福祉利用者は日々の生活過程の中で社会福祉労働（社会福祉労働手段も含む）を享受し人間らしい健康で文化的な生活（人間らしい健康で文化的な生活活動［機能］の基盤である潜在能力の維持・再生産・発達・発揮の成就）を享受している事は**事実の現象**であり、さらに社会福祉の福祉実践（福祉労働）は社会福祉学の真理（客観的実在の社会福祉をそのあるがままに反映した観念・判断を真理と言う）の基準であると言う点において、福祉実践（福祉労働）の優位は否定しがたい。しかし、現実の福祉実践（福祉労働）は科学的な社会福祉学の福祉研究的認識（科学的な社会福祉学の福祉研究的認識とは、社会福祉労働・社会福祉調査・社会福祉文献等によって得た社会福祉問題等の事実［科学は理念や仮定等から出発するのではなく、事実から出発するのである］の現象に関する知識等を整理・分析・総合して、社会福祉問題等の**事実の現象の本質的関連・法則**［法則とは、資本主義社会の生産様式の条件の下に生成する社会問題としての福祉利用者の生活問題と福祉利用者が享受する社会福祉労働の現象の間の普遍的・必然的関係、つまり、社会問題としての福祉利用者の生活問題に対応する資本主義社会の土台である生産様式における**社会福祉の生成の必然性及び福祉利用者に対する社会福祉労働に内在する使用価値と価値・剰余価値の普遍的・必然的な関係と矛盾対、そして資本主義社会の生産手段の社会化［社会福祉労働手段・社会福祉労働力の商品化の廃止による使用価値としての社会福祉の発展と剰余価値としての社会福祉の没落を意味する］**を明らかにしていく事を意味する）・**構造的認識**（社会福祉労働に内在する使用価値と価値・剰余価値の矛盾対の認識）の上に立ってのみ有効に行われる。だとすれば、社会福祉学においては、科学的な社会福祉学の福祉研究的認識（構造的認識）と科学的な社会福祉学の福祉実践（福祉労働）的認識（どのようにすれば、福祉利用者の社会問題としての生活問題を解決し、人間らしい健康で文化的な生活活動［機能］の基盤である潜在能力［抽象的人間生活力・抽象的人間労働力］の維持・

再生産・発達・発揮を**成就**できるか)・**機能的認識**との統一的認識がますます重要になってくると同時に、科学的な社会福祉学の福祉研究的認識(構造的認識)は科学的な社会福祉学の福祉実践(福祉労働)的認識(機能的認識)の基礎となる点に本来の価値を持っていると言う**仮説**を設定する事ができると同時に、このような認識を持つ事が重要であると思われる。

本章では、以上の点を念頭において、最初に社会福祉学の認識とは何かについて叙述する。次に社会福祉学の福祉実践(福祉労働)的認識(機能的認識)の優位を前提として、社会福祉学の福祉研究的認識(構造的認識)と社会福祉学の実践(労働)的認識(機能的認識)の関係論を叙述していきたい。最後に社会福祉学の視点の結論を叙述する。

1 社会福祉学の認識とは何か

社会福祉学は筆者の認識によれば、社会福祉実践(社会福祉労働)・社会福祉調査・社会福祉の文献研究等によって得た福祉実践・福祉労働(福祉労働手段も含む)等に関する知識等を、整理・分析・総合して、概念や仮説を作り、それを福祉実践(福祉労働)によって検証し、福祉実践(福祉労働)等の現象の**客観的法則**(**本質=価値・剰余価値**)を明らかにし、一群の**基本的法則**を基に社会福祉学の**理論体系**を構築する。だとするならば、社会福祉学の認識においては、科学的な社会福祉学の福祉研究的認識(構造的認識)の側面と科学的な社会福祉学の福祉実践(福祉労働)的認識(機能的認識)の側面の統一的認識が重要になってくる。

①科学的な社会福祉学の福祉研究的認識(構造的認識)

科学的な社会福祉学の福祉研究的認識(構造的認識)とは、福祉利用者の社会福祉の対象の社会問題としての生活問題と社会福祉労働（社会福祉労働手段）の**事実の現象**を社会福祉実践（社会福祉労働）・社会福祉調査・社会福祉等の文献研究等によって得た知識等を整理・分析・総合して、その対象の現象の**本質的関連・法則**を明らかにしていく理論的活動であると言える。つまり、社会福祉学が創造する理論は、社会福祉学の福祉研究的認識（構造的認識）の発現形態であり、その福祉研究的認識の一環である。そして、社会福祉学の福祉研究的認識（構造的認識）は、社会福祉学の対象（福祉利用者の社会問題としての生活問題や社会福祉労働［社会福祉労働手段も含む］等）の**現象の事実**を認識する（知る・認める・見極める・判断する等）過程と社会福祉の対象の**現象の事実**を認識した結果を意味する範疇（本質的範疇）であるから、社会福祉学の福祉研究的認識（構造的認識）は社会福祉学の研究者等の意識内容と客観的に実在する社会福祉学の研究対象との一致によって成立する。

それ故、戸坂潤氏が指摘された事から考えると、社会福祉学の研究者等が自己の意識内容と客観的に実在する社会福祉学の研究対象とを一致させると言う事は、社会福祉学の研究対象を自己の意識裏に再現する事＝模写する事＝反映させる事である。つまり、社会福祉学の福祉研究的認識（構造的認識）とは、社会福祉学の研究者等の意識の外にある客観的な社会福祉学の研究対象を知覚する作用である。社会福祉学の研究対象が社会福祉学の研究者等の意識の外に存在しているからこそ、社会福祉学の研究者等に知覚作用が必要となる。かくして、社会福祉学の福祉研究的認識（構造的認識）においては、客観的に実在する社会福祉学の研究対象を社会福祉学の研究者等の意識裏に再現する＝模写する＝反映すると言う事になる[5)]。

このように、社会福祉学の福祉研究的認識（構造的認識）の生産は、個々の研究者等によって行われる。しかし、この事は、社会福祉学の福祉研究的認識（構造的認識）が全く純粋に個々の研究者等の生産であると言う事を意味するものではない。と言うのは、社会福祉学の福祉研究的認識（構造的認識）は、ある研究者等の獲得したある社会福祉学の理論が、他の研究者等の理論と対照され、その理論が社会福祉の現実を証明できる事（真理である事）によって成立するのである。従って、社会福祉学の福祉研究的認識（構造的認識）は、当該社会福祉研究集団等の構成員の協働を媒介にして獲得される社会的な生産となる。ある社会福祉学の研究者等が獲得したある社会福祉学の理論が、その研究者等の意識の内に留まっていて、他の研究者等がそれを確認・検証できないならば、それは、その研究者等の経験や観念であって、社会福祉学の福祉研究的認識（構造的認識）とはなりえない。また、当該社会福祉研究集団等の保有する社会福祉学の福祉研究的認識（構造的認識）は、そこにおける個々の社会福祉研究者等の保有する社会福祉学の福祉研究的認識（構造的認識）よりも多い。従って、個々の社会福祉研究者等は、社会福祉研究集団等の保有する社会福祉学の福祉研究的認識（構造的認識）を利用してさらに認識を拡大獲得し、社会福祉研究集団等の保有する社会福祉学の福祉研究的認識（構造的認識）の拡大に寄与する事になる。

そして、戸坂潤氏の指摘された事から考えると、拡大獲得された社会福祉学の福祉研究的認識（構造的認識）は、その認識を拡大獲得する為の手段やその拡大獲得の目的やその使用目的等に応じて、多様な形態を持って発現される。その発現形態の一つに、社会福祉学の理論がある。社会福祉学の福祉研究的認識（構造的認識）の問題にとって重要な事は、それがどのような形態で発現されているかと言う事ではなく、社会福祉の認識（認識過程・認識成果）を理論的（理論とは、科学において社会問題としての生活問題や社会福祉労働等の事実や認識を統一的に説明し、予測する事の出来る普遍性をもつ**体系的知識**を意味する）に**体系**

化したものか否かである。つまり、社会福祉学の理論は、分散している個々の社会福祉等の事象を統一的に把握・伝達＝説明しようとする為であり、また、社会福祉学の福祉研究的認識（構造的認識）を、量的・質的に発展させようとする為であり、科学の一形態としての社会福祉学の構築を主要な目的としている[6)]。そしてその社会福祉学の理論は、人間らしい健康で文化的な生活活動（機能）の基盤である潜在能力（抽象的人間生活力・抽象的人間労働力）の維持・再生産・発達・発揮の困難から福祉の必要のある人々を解放しようとする諸問題（例えば、市場福祉と言う問題等）に対処する為に、仮説（社会福祉とは、現代資本主義社会の生産様式に絶対的に規定されて生成してきた社会問題としての生活問題［生活主体者の所得や教育制度等の生活手段の不足・欠如と生活手段の不足・欠如から関係派生的に生成してきた生活活動「機能」の基盤である潜在能力の維持・再生産・発達・発揮の阻害「福祉利用者の潜在能力の不足・欠如」の生活問題］の担い手である労働者階級や中間階級等の相対的過剰人口の一員を中心とした人々の生存権的平等保障活動・運動に影響されて、社会問題としての生活問題の担い手に向けられた総資本の為の価値の形成・支配と剰余価値の取得・支配の国・地方自治体の社会福祉の総称であって［**本質**＝構造的認識］、その本質の現象的表現は、部分的あるいは全体的に福祉利用者の社会問題としての生活問題に対応する精神的・物質的な支援及び保護等の使用価値を、公私の社会福祉労働及び活動・社会福祉労働手段及び活動手段・コミュニケーションを生活手段として、個別的・集団的・組織的及び総合的に保障し、それらの生活手段を福祉利用者が享受し、人間らしい健康で文化的な生活［人間らしい健康で文化的な生活活動「機能」の基盤である潜在能力＝抽象的人間生活力・抽象的人間労働力の維持・再生産・発達・発揮］を日常の生活過程で成就するところにあると言える［機能的認識］と言う仮説）と言う形態で創造されるのである。

②科学的な社会福祉学の福祉実践（労働）的認識（機能的認識）

科学的な社会福祉学の福祉研究的認識（構造的認識）の真理を検証していく基準となる科学的な社会福祉学の福祉実践（福祉労働）的認識（機能的認識）は、次のような意味である。

科学的な社会福祉学の福祉実践（福祉労働）的認識（機能的認識）は、（1）意識的・計画的な人間の運動であり、また、（2）社会問題としての生活問題を担った人々の人間らしい健康で文化的な生活活動（機能）の基盤である潜在能力（抽象的人間生活力・抽象的人間労働力）の維持・再生産・発達・発揮等を**成就**する事を**目的**とする人間の運動である[7)]。そして、福祉実践（福祉労働）過程で、社会福祉労働者等は、社会福祉研究者等によって獲得された社会福祉学の知識・法則を用いて、社会問題としての生活問題を担った人々の人間らしい健康で文化的な生活（人間らしい健康で文化的な生活活動［機能］の基盤である潜在能力［抽象的人間生活力・抽象的人間労働力］の形成）の維持・再生産・発達・発揮の困難等の性質や運動法則を把握し、かつ社会福祉の資源＝生活手段（社会福祉法、老人福祉法、身体障害者福祉法、知的障害者福祉法、児童福祉法、母子及び寡婦福祉法、生活保護法等）を確認し、それらについての福祉実践（福祉労働）的認識（機能的認識）を獲得する[8)]。

このようにして社会福祉学の福祉実践（福祉労働）的認識（機能的認識）が獲得されると、社会福祉労働者等（個人及び集団）は、その社会福祉学の福祉実践（福祉労働）的認識（機能的認識）を用いて、福祉実践（福祉労働）対象への再福祉実践・再福祉労働を試みる。その場合、福祉実践（福祉労働）において用いる認識（知識・法則等）が真理であれば、社会問題としての生活問題を担った人々は生活困難から解放され、福祉実践（福祉労働）は量的にも質的にも発展し、社会福祉労働者等はより多くの・より高質の福祉実践（福祉労働）的認識（機能的認識）を獲得する事ができる。しかし、その用いる認識の全部または一部が虚偽であれば、福祉実践（福祉労働）は失敗や停滞をし、社会福祉労働者等は社会福祉学の福祉実践（福祉労働）的認識（機能的認識）を全く獲得できないか、また、僅かの社会福祉学の福祉実践（福祉労働）的認識（機能的認識）しか獲得できないから、その社会福祉学の福祉実践（福祉労働）的認識（機能的認識）はその実践過程で拒否されたりあるいは修正されたりする。

それ故、福祉実践（福祉労働）は、獲得された社会福祉学の福祉研究的認識（構造的認識）が真理か否かを判定する検証基準となる。また、社会福祉学の福祉研究的認識（構造的認識）が真理であっても、社会福祉における福祉実践（福祉労働）の方法に誤りがあれば福祉実践（福祉労働）は失敗するから、社会福祉学の福祉実践（福祉労働）的認識（機能的認識）もまた福祉実践（福祉労働）が正しいか否かを判定する検証基準となる。社会福祉労働者等は、社会福祉の福祉実践（福祉労働）→社会福祉の認識→社会福祉の再福祉実践（再福祉労働）→社会福祉の再認識→社会福祉の再々福祉実践（再々福祉労働）…と言う関係過程の下で、社会福祉についての認識を獲得し・検証し・発展させ、また、社会福祉の福祉実践（福祉労働）を検証し・発展させ、社会福祉学を科学的に発展させていく。この関係過程の下で、社会福祉における福祉実践（福祉労働）は、社会福祉学の認識の一環（契機）となり、社会福祉学の福祉実践（福祉労働）的認識（機能的認識）は、社会福祉の福祉実践（福祉労働）の一構成部分となる。

2 社会福祉学の福祉実践（労働）的認識（機能的認識）の優位性を前提条件とした両側面の統一論の展開

筆者は、社会福祉学の研究対象に対して、少なくても二つの態度を採る。松村一人氏が指摘された事から考えると、一つは科学的な社会福祉学の福祉実践（福祉労働）的認識（機能的認識）の態度であり、他の一つは科学的な社会福祉学の福祉研究的認識（構造的認識）の態度である。科学的な社会福祉学の福祉実践（福祉労働）的認識（機能的認識）において決定的に重要な事は、あるがままの社会福祉の現状及び不備な社会福祉の現状に満足せず、これを福祉利用者の使用価値を高めていく目的（生存権的平等保障）に従って、社会福祉をより良いものに**変革**していく事である。一方､科学的な社会福祉学の福祉研究的認識（構造的認識）の態度は、これと全く反対である。と言うのは、科学的な社会福祉学の福祉研究的認識（構造的認識）の目的は、実在の社会福祉をあるがままに捉えるところにある。つまり、実在の社会福祉の正確な映像を社会福祉研究者等の頭脳の内に作りだす事である。このかぎりにおいて科学的な社会福祉学の福祉実践（福祉労働）的認識（機能的認識）は能動的であり、科学的な社会福祉学の福祉研究的認識（構造的認識）は受動的である。つまり、松村一人氏が指摘されているように、知性は実在の社会福祉をあるがままに受けとろうとするのにすぎないが、福祉実践的認識はこれに反して実在の社会福祉をその在るべき姿に**変革**しようとするのである[9)]。

勿論、科学的な社会福祉学の福祉研究的認識（構造的認識）は、単に受動的な態度によってのみ作りだされものではない。真理の科学的な社会福祉学の福祉研究的認識（構造的認識）が成立する為には、科学的な社会福祉学の福祉研究的認識（構造的認識）はその観念的な態度そのものの内で能動的でなければならない。観念的な内部でも社会福祉学の研究対象の社会福祉労働等の**事実の現象**[10]を動かしてみなければならない。また、仮説を作って社会福祉労働等の**事実の現象**に問いかけなければならないと同時に、それだけではない。科学的な社会福祉学の福祉研究的認識（構造的認識）の過程そのものが不断に科学的な社会福祉学の福祉実践（福祉労働）的認識（機能的認識）によって支えられているのである。

これまで述べてきた事は、科学的な社会福祉学の福祉実践（福祉労働）的認識（機能的認識）と科学的な社会福祉学の福祉研究的認識（構造的認識）との区別の面及び対立の面である。この限りにおいてそれは考察の第一歩にすぎない。しかし、科学的な社会福祉学の福祉研究的認識（構造的認識）に対する科学的な社会福祉学の福祉実践（福祉労働）的認識（機能的認識）の優位はこの区別に基づいてのみ正確に理解される。と言うのは、科学的な社会福祉学の福祉研究的認識（構造的認識）が仮にそれがどんなに正しいものであろうと、実在の社会福祉そのものを変革するものではない。実在の社会福祉そのものを変革する為には、実在の社会福祉そのものに福祉実践・福祉労働・福祉運動的に働きかけなければならない。つまり、例えば、貧困問題に対する保護策を考える事と、貧困問題に対する正しい調査及び分析（貧困問題の原因の科学的な福祉研究的認識）がなされようと、これだけで貧困問題が解決できるものではない。貧困問題を解決するには、**解決策を実行すると言う科学的な福祉実践（福祉労働）が必要である**。従って、次のような指摘は、科学的な社会福祉学の福祉研究的認識（構造的認識）と科学的な社会福祉学の福祉実践（福祉労働）的認識（機能的認識）の統一論の根拠となる。

古川孝順氏が指摘されているように、社会福祉の「自分自身の領域に生起している事象を科学的、客観的に観察し、その普遍化をはかるという手続きを経験することがなければ、問題解決のためにどのような科学領域の、いかなる知識と技能・技術が必要とされるのか、そのことを的確に判断することができないからである[11)]。」そして三塚武男氏が指摘されているように、「調査（実践・労働―筆者挿入、以下同一）によって得られた事実が、どこまで理論的な検証を経て現実に基づく実証的な分析と論理構成のない研究では、社会科学的な理論体系を構築する事は不可能である。また、明確な視点と理論的な枠組みのない調査は、その時の、その場限りの部分的・断片的な現象の羅列や単純集計のレベルに留まり、それを規定している諸条件や要因と関連づけて、全体像とその中に含まれている法則性を明らかにする事はできないのである。行政の施策の立案とその具体化、運営、結果についての総括・評価は勿論の事、運動や理論研究など、明確な目的を持った実践的な取り組みにおいては、常に、取り組む課題を社会科学的に把握する事が前提ないし基礎である[12)]。」しかし、こう言うと既に多くの疑問が生じるであろう。まず科学的な社会福祉学の福祉研究的認識（構造的認識）に対する科学的な社会福祉学の福祉実践（福祉労働）的認識（機能的認識）の優位は単に以上に述べた事につきるものではない。前述したように科学的な社会福祉学の福祉研究的認識（構造的認識）の過程そのものが不断に科学的な社会福祉学の福祉実践（福祉労働）的認識（機能的認識）によって支えられており、また、科学的な社会福祉学の福祉研究的認識（構造的認識）を検証するものが科学的な社会福祉学の福祉実践（福祉労働）的認識（機能的認識）であると言う意味においても、我々は科学的な社会福祉学の福祉研究的認識（構造的認識）に対する科学的な社会福祉学の福祉実践（福祉労働）的認識（機能的認識）の優位について語る事ができるのではない。要するに我々は眺める事あるいは主観的に解釈する事によってのみ社会福祉を認識するのではなく、社会福祉をより良いものに

変革していく福祉実践（福祉労働）によって社会福祉を本当に認識するのである。

だが、この事がどんなに重要な事であろうと、この事から直ちに科学的な社会福祉学の福祉研究的認識（構造的認識）は科学的な社会福祉学の福祉実践（福祉労働）的認識（機能的認識）に従属しなければならと言う意味での、科学的な社会福祉学の福祉実践（福祉労働）的認識の優位について語る事はできない。科学的な社会福祉学の福祉研究的認識（構造的認識）を検証する最も有力な決定的な手段が科学的な社会福祉学の福祉実践（福祉労働）的認識（機能的認識）であると言う事を認めても、科学的な社会福祉学の福祉研究的認識（構造的認識）を最高のものと考え、科学的な社会福祉学の福祉実践（福祉労働）的認識（機能的認識）をこれに従属させる事もできる。例えば、外国で理論形成され発展したノーマライゼーション[13]やインクルージョン[14]の福祉研究的認識（構造的認識）を最高のものと考え、日本の社会福祉に取りいれ福祉実践（福祉労働）的認識（機能的認識）を深めているのは最も良い例ではなかろうか。

このように科学的な社会福祉学の福祉研究的認識（構造的認識）が最高のものであるとすれば、譬え科学的な社会福祉学の真理が科学的な社会福祉学の福祉実践（福祉労働）的認識（機能的認識）によって確証されると言う事実があっても、科学的な社会福祉学の福祉実践（福祉労働）的認識（機能的認識）は科学的な社会福祉学の福祉研究的認識（構造的認識）に従属する事になる。そして、このように科学的な社会福祉学の福祉研究的認識（構造的認識）に従属している科学的な社会福祉学の福祉実践（福祉労働）的認識（機能的認識）も福祉現場の福祉実践（福祉労働）上の要求から行われるのである。

要するに科学的な社会福祉学の福祉研究的認識（構造的認識）は、科学的な社会福祉学の福祉実践（福祉労働）的認識（機能的認識）によって要求され、科学的な社会福祉学の福祉実践（福祉労働）的認識（機能的認識）によってテーマを与えられ、科学的な社会福祉学の福祉実践（福祉労働）的認識（機能的認識）によって支えられ、科学的な社会福祉学の福祉実践（福祉労働）的認識（機能的認識）によって検証されるものである。この意味で科学的な社会福祉学の福祉研究的認識（構造的認識）は広く科学的な社会福祉学の福祉実践（福祉労働）的認識（機能的認識）に依存している。しかし、筆者が科学的な社会福祉学の福祉実践（福祉労働）的認識（機能的認識）を科学的な社会福祉学の福祉研究的認識（構造的認識）の上に置く決定的な理由は、社会福祉の福祉実践（福祉労働）によってのみ現実的な福祉利用者の社会問題としての生活問題の解決が与えられると言うところにある。科学的な社会福祉学の福祉研究的認識（構造的認識）が科学的な社会福祉学の福祉実践（福祉労働）的認識（機能的認識）によって要求されるように、科学的な社会福祉学の福祉研究的認識（構造的認識）もまた科学的な社会福祉学の福祉実践（福祉労働）的認識（機能的認識）を要求している。だが科学的な社会福祉学の福祉研究的認識（構造的認識）はその成立の為に、その検証の為に、一口に言えば社会福祉学の研究対象（社会福祉労働等の現象）に関する正しい観念を得る為に、科学的な社会福祉学の福祉実践（福祉労働）的認識（機能的認識）を要しているが、科学的な社会福祉学の福祉実践（福祉労働）的認識（機能的認識）は社会福祉のより良い発展への変革の福祉実践（福祉労働）の為に、科学的な社会福祉学の福祉研究的認識（構造的認識）を要求している。そして、社会福祉のより良い発展への変革の福祉実践（福祉労働）が最も重要な事であると言う事からこそ科学的な社会福祉学の福祉研究的認識（構造的認識）に対する科学的な社会福祉学の福祉実践（福祉労働）的認識（機能的認識）の優位が考えられるのである。少なくともこの事こそ決定的な点であり、科学的な社会福祉学の福祉研究的認識（構造的認識）と科学的な社会福祉学の福祉実践（福祉労働）的認識（機能的認識）との関係性を考える場合の要の石である。

しかし、言うまでもなく科学的な社会福祉学の福祉研究的認識（構造的認識）に対する科学的な社会福祉学の福祉実践（福祉労働）的認識の優位と言う事は、科学的な社会福祉学の福祉研究的認識（構造的認識）が一般的に無意味だと言う事ではない。知識等による科学的な社会福祉学の福祉研究的認識（構造的認識）によって福祉利用者の社会問題としての生活問題の正しい認識なしには有効な結果を生じさせる事ができないだろう。と言うのは、社会問題としての生活問題から自由になるには、フリードリヒ・エンゲルスが指摘されているように、社会問題としての生活問題に内在している「社会法則からの空想的な独立のうちにあるのではなく、この法則の認識のうちに、そしてそれとともに与えられるところのこの法則を計画的に一定の目的の為に使用する可能性のうちにあるのである[15]。」

このように、科学的な社会福祉学の福祉実践（福祉労働）的認識（機能的認識）による現実的な社会福祉問題の解決は、これと正反対の態度を要求する。それは正確な社会福祉学の福祉研究的認識（構造的認識）を要求する。譬え現実の障害のある人の支援費制度が悲惨と不合理に満ちていても、いな現実の障害のある人の支援費制度が悲惨かつ不合理であればあるほど、我々はそれをあくまでも直視しなければならない。そして、この悲惨かつ不合理な障害のある人の支援費制度の本当の原因（本質）を探り、それを現実的に解決する方法等を見出さなければならない。

これまで科学的な社会福祉学の福祉研究的認識に対する科学的な社会福祉学の福祉実践（労働）的認識（機能的認識）の優位について述べ、しかも科学的な社会福祉学の福祉研究的認識（構造的認識）が科学的な社会福祉学の福祉実践（福祉労働）的認識（機能的認識）に役立つものであり、またそうでなければならない事を述べてきたが、次に科学的な社会福祉学の福祉研究的認識（構造的認識）が本当に科学的な社会福祉学の福祉実践（福祉労働）的認識（機能的認識）に役立ち、科学的な社会福祉学の福祉実践（福祉労働）的認識（機能的認識）の指針となる為の条件について次のように述べておく。一つは社会福祉学の研究テーマの積極性であり、他のもう一つは、科学的な社会福祉学の福祉研究的認識(構造的認識)が科学的な社会福祉学の福祉実践(福祉労働)的認識(機能的認識）に直接結び付く為には、それが単なる科学的な社会福祉学の福祉研究的認識（構造的認識）に留まらず科学的な社会福祉学の福祉実践（福祉労働）的認識（機能的認識）とならなければならない事である。まず前者の社会福祉の研究テーマの積極性についてであるが、科学的な社会福祉学の福祉研究的認識（構造的認識）が本当に科学的な社会福祉学の福祉実践（福祉労働）的認識（機能的認識）に役立つ為には、それが正しい認識だけでなく、社会福祉の福祉実践（福祉労働）によって要求され、社会福祉の福祉実践（福祉労働）に役立つような科学的な社会福祉学の福祉研究的認識（構造的認識）でなければならない。と言うのは、社会福祉学の思弁的（思弁的と言うのは、経験による事なく、ただ純粋な思考によって経験を越えた真理の認識に到達しようとすることである）な抽象論に大きな価値をおいている立場からすれば、社会福祉学の研究テーマは何であっても良い事になるかもしれない。要するに、社会福祉学の知識を定めるもの、それに費やされるべき労力の配分を定めるものは、主観的興味より一層重要なもの、社会福祉学の研究テーマそのものの価値であり、そして社会福祉学の研究テーマの価値を定めるものは、科学的な社会福祉学の福祉研究的認識（構造的認識）の立場ではなくて、科学的な社会福祉学の福祉実践（福祉労働）的認識（機能的認識）の立場でなければならない。これが科学的な社会福祉学の福祉研究的認識（構造的認識）に対する科学的な社会福祉学の福祉実践（福祉労働）的認識（機能的認識）の優位である。

次に後者の科学的な社会福祉学の福祉研究的認識（構造的認識）から科学的な社会福祉学の福祉実践（福祉労働）的認識（機能的認識）への統合であるが、科学的な社会福祉学の福祉実践（福祉労働）的認識（機能的認識）と直接に統合するような科学的な社会福祉学の福祉研究的認識（構造的認識）とはどんな認識であろうか。筆者は科学的な社会福祉学の福祉研究的認識（構造的認識）が科学的な社会福祉学の福祉実践（福祉労働）的認識（機能的認識）と区別される面をその受動性においた。しかし、社会福祉の福祉実践（福祉労働）に直接に統合するような社会福祉の福祉実践（福祉労働）の指針となる社会福祉学の認識は、決して社会福祉の対象を単にあるがままに捉える福祉研究的認識（構造的認識）ではない。それはこれまで述べたような意味での社会福祉学の認識の能動性とは全く区別される能動的な社会福祉学の認識でなければならない。つまり筆者は、前述したように科学的な社会福祉学の認識を科学的な社会福祉学の福祉研究的認識（構造的認識）と科学的な社会福祉学の福祉実践（福祉労働）的認識（機能的認識）に分けた上で、どうしたら科学的な社会福祉学の福祉研究的認識（構造的認識）をある目的（生活問題を担った人々の生存権的平等保障）に従って**変革**する事ができるかと言う科学的な社会福祉学の福祉実践（福祉労働）的認識（機能的認識）に統合していく事ができるかどうかである。科学的な社会福祉学の福祉実践（福祉労働）的認識（機能的認識）においては、社会福祉の研究者（主体）等の意志が前提され、この意志、社会福祉の研究者等の研究目的に規定されながら、社会福祉の研究者等と社会福祉の研究対象との関係が考察される。

このように区別を明らかにするだけで、直接的に社会福祉の福祉実践（福祉労働）と統合し、それに指針を与える科学的な社会福祉学の福祉研究的認識が単なる科学的な社会福祉学の福祉研究的認識（構造的認識）でなく科学的な社会福祉学の福祉実践（福祉労働）的認識（機能的認識）である事が既にかなり明白であると思われる。しかし、これだけではまだ、筆者が科学的な社会福祉学の福祉実践（福祉労働）的認識（機能的認識）と呼ぶものが果たして社会福祉学の福祉実践（福祉労働）的認識（機能的認識）であるかどうかについて疑問が生じるかもしれない。それは社会福祉の目的を持った社会福祉の意味にすぎないのではないか。この事を明らかにする為に、筆者はもっと立ち入って科学的な社会福祉学の福祉実践（福祉労働）的認識（機能的認識）の構造を述べなければならない。まず科学的な社会福祉学の福祉実践（福祉労働）的認識（機能的認識）が社会福祉の福祉実践（福祉労働）そのものでないと言う事は、あまりにも明らかである。筆者が福祉利用者の社会問題としての生活問題の解決法を知るのと、実際にこの解決法にしたがって福祉利用者の社会問題としての生活問題を解決していくのと全く別な事である。他方において、科学的な社会福祉学の福祉実践（福祉労働）的認識（機能的認識）は単なる意志及び欲求とも異なる。意志（欲求）は重度の障害のある人ほど多様な福祉サービスを求め人間らしい健康で文化的な生活が可能になるのであるが、負担が重くなると言う生存権的不平等の障害のある人の自立支援法の実態[16]に満足せず、その是正と言う**変革**を求める。ここには**変革**の意志があり、そして**変革**するべき現実の生存権的不平等の障害のある人の自立支援制度がある。しかし、この**変革**の為に、我々はどうしたら良いのだろうか。この問題を予め観念的に解決して、障害のある人の社会福祉の福祉実践（福祉労働）に指針を与えるのが科学的な社会福祉学の福祉実践（福祉労働）的認識（機能的認識）である。

だが欲求の実現は、社会福祉の主体（社会福祉の研究者等）が社会福祉の対象（例えば、障害のある人の社会福祉等を含めた社会福祉行政等）へ直接的あるいは間接的に働きかけていく事によって行われるのであるから、筆者が、この社会福祉の福祉実践（福祉労働）の指針を予め観念の内に持つ為には、社会福祉の対象への社会福祉の主体の働きかけを原因とし、意志（欲求）の実現を結果として生み出すような現実的な関係を認識しなければならない。従ってここで問題となるのは、決して単なる意志（欲求）ではなくして、意志（欲求）を前提とする社会問題としての生活問題の認識的解決である。一口に言えば科学的な社会福祉学の福祉実践（福祉労働）的認識（機能的認識）とは､生活問題を担った人々の問題を解決したいと言う要求を、こうすれば解決できると言う認識に変える事にある。つまり、現存する社会問題としての生活問題の事態にある要求を持って望む事はまだ科学的な社会福祉学の福祉実践（福祉労働）的認識（機能的認識）ではない。現実の社会問題としての生活問題と要求との間に、直接的あるいは間接的な社会福祉の主体の福祉実践・福祉労働（例えば、障害のある人の社会福祉の実態調査等）を考えに入れて、そこに要求が実現されるような実在的な関係を案出するのが科学的な社会福祉学の福祉実践（福祉労働）的認識（機能的認識）である。

3　結論

以上から導きだされる結論は、科学的な社会福祉学の認識においての科学的な社会福祉学の福祉研究的認識（構造的認識）と科学的な社会福祉学の福祉実践（福祉労働）的認識（機能的認識）の統一的認識の重要性である。そして､科学的な社会福祉学の福祉実践(福祉労働)的認識(機能的認識）よりも科学的な社会福祉学の福祉研究的認識が重要だと言う事ではなく、社会問題としての生活問題を担った人々の生存権的平等保障の科学的な社会福祉学の福祉実践（福祉労働）的認識（機能的認識）が重要だと言う事である。つまり、このような科学的な社会福祉学の福祉実践（福祉労働）的認識（機能的認識）こそ社会福祉の理論に対する優越性を本当に主張する事ができるのではないかと思われる。社会福祉学の真理の為の真理、社会福祉学の学問の自由と言う事は、社会福祉学の学問が政府主導によって**変質**させられた社会福祉政策への従属を拒否すると言う点でのみ一定の意義を持つ。しかし、**社会福祉学の学問**が本当の意義を持つようになる為には、それは進んで**社会問題としての生活問題を担った福祉利用者の福祉実践（福祉労働）的要求に奉仕する事**によって、社会問題としての生活問題を担った福祉利用者の為の社会福祉学の学問とならなければならない。我々はもはや政府主導によって**変質**させられた**社会福祉政策に無関心かつ傍観者**であってはならない。科学的な社会福祉学の福祉研究的認識（構造的認識）によって、政府主導の社会福祉政策の贋造の**矛盾の法則**を洞察し、科学的な社会福祉学の福祉実践（福祉労働）的認識（機能的認識）に依拠して、政府主導の社会福祉政策の**贋造の矛盾の変革運動を民主統一戦線**の基に展開していく事が重要ではないか。特に、福祉現場の労働組合の主導による福祉利用者と協同で、福祉利用者の**使用価値の高い**福祉実践（福祉労働）と社会福祉政策の変革運動が重要となる。

2

社会福祉学の科学方法論

2　社会福祉学の科学方法論

本稿では、論理学の古典書『資本論』及びノーベル経済学賞を受賞したアマルティア・センの「人間の福祉と自由を評価する潜在能力アプローチ」に関する文献から科学的な研究方法を独学したので（何故ならば、社会福祉学は科学の学問［一定の理論に基づいた体系化された**法則的知識と方法**］に属するのである）、**筆者独自の社会福祉の本質研究の科学的方法論とその特徴**について考察する。

1　社会福祉学の本質研究の科学的方法論

まず社会福祉の**本質研究**の**科学的方法論**を展開していく場合、その土台となる以下の４つの点に留意する事が重要である。

第１点は、階級性・階層性への注目と福祉利用者の社会福祉問題の改善・解決への福祉活動・福祉運動・福祉労働の経験が重要性であると言う事。と言うのは、現代資本主義社会においては資本・賃労働関係を基礎とするが、賃労働の担い手である労働者階級（殆どの福祉利用者が労働者階級に属している）等は、生活の為に自己の労働力の使用権の販売によって得た賃金によって労働者階級（現在、83％が労働者階級である）や中間階級（現在、９％が中間階級である）が直接的に生産した商品としての生活手段（社会福祉労働サービスも含む）を購入し、この購入後、人々の個別的生活が始まる。つまり、自己の労働力の使用権を販売し、賃金を得て商品としての生活手段を購入しないと、生きていけないところに（絶対的貧困）社会問題としての福祉利用者の生活問題の基本的問題が内在している。そして、経験（体験的方法）によってもたらされる社会福祉の意識内容は表象（表象は、研究対象の、主観的な、単純な、ばらばらな、漠とした意識内容である）であるが、社会福祉の科学的認識にとって重要な体験である。

第２点は、多くの研究テーマに関する社会福祉等の文献・調査資料等の批判的検討と利用（引用や参考等）である事。特に政府の社会福祉等に関する報告書は、**批判的**に利用していく事が重要である。例えば、社会福祉の基礎構造全般の改革を検討してきた中央社会福祉審議会報告は、日本の福祉制度の根幹である措置制度と非営利性を解体し、福祉事業者と福祉利用者との直接契約制度に変え、社会福祉を営利企業に開放していくものである。この事は、国及び地方自治体の責任と負担の後退に道を開く事になっており、福祉利用者・貧困者（低所得者も含む）等の生存権的平等保障（憲法第25条）を侵害するものに繋がっていく可能性がある。

第３点は、現代資本主義社会の生産様式との関連における社会福祉の批判的研究が重要である事。と言うのは、社会問題としての福祉利用者の生活問題（必需的な生活手段［所得・教育制度等］の不足・欠如と生活手段の不足・欠如から関係派生的に生成してきた福祉利用者の人間らしい健康で文化的な潜在能力「抽象的人間生活力・抽象的人間労働力］の維持・再生産・発達・発揮の阻害の生活問題）が現代資本主義社会の生産様式よって**必然的**に生成してくる事（例えば、現代資本主義社会においては、失業問題や所得格差の拡大が必然的に生成し、失業問題や低所得［派遣労働者の劣悪な労働条件の問題］等と関係派生的に低教育や低学歴が生成してくる事）、また、社会福祉の発展及び存在状態を規定するものは、労働者階級を中心とした社会福祉問題に向けての労働運動や社会福祉運動の強弱に依拠していると言う事である。

第4点は、社会福祉の時事問題の論評活動（例えば、障害者自立支援法等の論評を新聞等に投稿する等）が重要であると言う事である。と言うのは、この論評活動は、筆者の法則的かつ体系的な社会福祉の本質的研究の科学的方法論形成においてプラスの影響を受けた。つまり、この論評活動は、第1に、政策主体（国や地方自治体）の個々の社会福祉制度の問題点と本質的意味を理解する上でも貴重であるし、第2に、筆者の社会福祉の本質的研究の理論的展開において、政策主体の個々の社会福祉制度の論評活動が役立ったからである。

2 科学的方法論の展開

現代資本主義社会における社会福祉とは何か、その本質を研究していく場合、まず研究テーマにおける**仮説**を設定する必要がある。筆者は、次のような仮説を設定した。**社会福祉とは、現代資本主義社会の生産様式に絶対的に規定されて生成してきた社会問題としての生活問題（生活手段［所得や教育制度等］の不足・欠如と生活手段の不足・欠如から関係派生的に生成してきた福祉利用者の潜在能力の維持・再生産・発達・発揮の阻害）の担い手である労働者階級や中間階級等の相対的過剰人口の一員を中心とした人々の生存権的平等保障活動・運動に影響されて、社会問題としての生活問題の担い手に向けられた総資本の為の価値（価値の社会的実体は抽象的人間労働力である）の形成・支配と剰余価値の取得・支配の国・地方自治体の社会福祉の総称であって（本質＝構造的認識）、その本質の現象的表現は、部分的あるいは全体的に福祉利用者の社会問題としての生活問題に対応する精神的物質的な支援及び保護等**

の使用価値を、公私の社会福祉労働及び活動・コミュニケーションの生活手段を媒介として、個別的・集団的・組織的及び総合的に保障し、それらの生活手段を福祉利用者（生活主体者）が享受し、人間らしい健康で文化的な潜在能力（抽象的人間生活力）の維持・再生産・発達・発揮を日常の生活過程で成就するところにあると言える（機能的認識）。こうした研究対象の仮説は、まずもって筆者個人の主観的なものであるから、そのままでは誰も法則としては承認してくれない。そこで次には、その仮説に命題化されたものが客観的かつ法則（法則とは、例えば何時でも、何処でも資本主義社会の生産様式の下で成立する福祉利用者の社会問題としての生活問題と社会福祉労働［社会福祉労働手段も含む］との普遍的・必然的関係を意味する）的なものである事を論証しなければならない（仮説を論証する事は、①まず、主観的なものを客観的かつ法則的なものにする事であり、②何らかのかたちで感性的であった仮説を、悟性的、論理的にする事であり、③帰納的思惟に代わって、演繹的思惟に委ねる事である）。

そして、こうした仮説を体系的に論証していく為には、研究テーマにおける**研究端緒**を設定する必要があり、筆者は、前述したように社会福祉を現実的に社会問題としての生活問題（生活手段［所得等］の不足・欠如の問題と生活手段の不足・欠如から関係派生的に生成してきた潜在能力［抽象的人間生活力・抽象的人間労働力］の維持・再生産・発達・発揮の阻害の問題）を担った福祉利用者に対象化・共同化[17]している社会福祉労働（社会福祉労働手段も含む）を研究端緒とする。つまり、第一に福祉利用者は社会福祉労働を享受して、人間らしい健康で文化的な生活（人間らしい健康で文化的な潜在能力［抽象的人間生活力・抽象的人間労働力］の維持・再生産・発達・発揮の成就）を享受していると言う**事実（科学は理念や仮定等から出発するのではなく、事実から出発す**

るので）の現象、第二に社会福祉労働は福祉政策主体（総資本・国家・地方自治体等）の目的と福祉利用者の目的を媒介していると言う**事実の現象**であるからである。つまり、社会福祉は対象（社会問題としての生活問題を担った福祉利用者）、目的（福祉利用者が社会福祉労働を享受し、人間らしい健康で文化的な生活を享受する事）、手段（社会福祉等）を総体的に捉える事が重要であり、かつ社会福祉の政策主体と対象者を媒介しているのは社会福祉労働（社会福祉労働手段も含む）である。そして、福祉利用者が実際に享受し、福祉を成就しているのは社会福祉労働によるものである。それ故この事実の現象の認識から出発する。また、研究対象（社会福祉）は現代資本主義社会に存在している事を念頭において置く事と、現代資本主義社会の社会構成体（社会構成体は、土台と上部構造に大別できる）における上部構造に位置づける事が重要である[18)]。

上部構造に位置づけられた社会福祉労働（研究端緒）は、多様な社会福祉労働（後述しているように、①金銭給付及び貸し付け、②福祉施設の提供及び入所、③生活活動の介助・介護、④生活指導を含む機能回復・発達の為のリハビリテーション給付、⑤問題発見や解決の為の調査活動、⑥社会資源の有効活用の為の連絡・調整活動等の社会福祉労働の事実の現象が見られる）が現象として見られるが、この社会福祉労働の現象の本源的規定（本源的規定においては、現代資本主義社会と言う歴史的規定を捨象する事が必要であり、社会福祉労働がどんな社会体制「原始共同体社会、奴隷社会、封建社会、資本主義社会、社会主義社会」においても存在している点に焦点をあてて、どんな社会体制においても共通して存在している点［使用価値］を叙述している）、歴史的規定（歴史的規定においては、現代資本主義社会における社会福祉労働に内在している価値・剰余価値を叙述している）、統一・総合的規定（統一・総合的規定においては、社会福祉労働の２つの要因「１つの要因は、使用価値であり、２つの要因は、価値・剰余価値である」の基本的矛盾を緩和していく視点「発展」から本源的規定と歴史的規定との統一・総合的規定を叙述している）を叙述している。

社会福祉労働の本源的規定においては、次のように叙述している。社会福祉支援・社会福祉労働は、その属性（特性）によって福祉利用者が人間らしい健康で文化的な生活（抽象的人間生活力の維持・再生産・発達・発揮の成就）を享受していく公共性[19]を基礎とした使用価値（具体的有用労働）である事を考察する。そして、アマルティア・センが指摘されているように、「『福祉』（well-being）はひとが実際に**成就**するもの―彼／彼女の『状態』（being）はいかに『よい』（well）ものであるか―に関わっている[20]。」ものであるので、また、福祉利用者にとって社会福祉労働の享受価値（使用価値）が高いのか低いのかを判断する場合、「われわれは明らかにひとの『機能』にまで、すなわち彼／彼女の所有する財とその特性を用いてひとはなにをなしうるかにまで考察を及ぼさねばならないのである。たとえば、同じ財の組み合わせが与えられても、健康なひとならばそれを用いてなしうる多くのことを障害者はなしえないかもしれないという**事実**に対して、われわれは注意を払うべきである[21]。」つまり、社会福祉の使用価値の成就は、福祉利用者が社会福祉労働（福祉労働手段も含む）＝生活手段を活用して福祉利用者の生活活動（機能）の基盤である潜在能力（抽象的人間生活力）によって成就していくものであるので、社会福祉労働＝生活手段（福祉サービス等）の不足・欠如のみに注目するだけではなく、社会福祉支援・社会福祉労働＝生活手段を用いて人間らしい健康で文化的な生活を享受していく福祉利用者の生活活動（機能）の基盤である潜在能力（抽象的人間生活力）にも併せて注目していかなければならない事を意味している。

そして、使用価値は、社会福祉支援・社会福祉労働＝生活手段の使用関係や手段の実体（実態）の量的及び質的内容に制約されているので、その使用関係や量的及び質的内容の実体（実態）は看過できない。それ故、社会福祉における人的サービス提供そのもの、生活手段提供そのもの、金銭給付そのもの等との使用関係やその実体（実態）の量的及び質的内容が使用価値なのである。また、実際に福祉利用者の生活活動（機能）の基盤である潜在能力（抽象的人間生活力）によって社会福祉支援・社会福祉労働＝生活手段を享受して人間らしい健康で文化的な生活を成就して使用価値となる。さらに使用価値は、原始共同体における相互扶助活動、奴隷社会における都市国家の救済制度下の支援活動、封建社会における農村の荘園の相互扶助活動及び都市のギルドの相互活動・慈恵活動と絶対王制下の救貧制度下の支援活動、現代資本主義社会の社会福祉支援・社会福祉労働にも存在しており、福祉利用者の社会福祉の素材的内容をなしている[22)]。

社会福祉労働の歴史的規定においては、次のように叙述をしている。前述の使用価値は、なによりもまず福祉利用者にとっての具体的有用労働であるが、その使用価値を捨象するならば、社会福祉労働に残っているものは、無差別に人間労働の、その支出の形態（人的サービス提供形態の社会福祉労働、金銭給付形態の社会福祉労働、他の生活手段提供形態の社会福祉労働等）には関わりのない抽象的人間労働力の支出の、ただの凝固の社会関係にほかならない。これらの事が意味しているのは、ただ、福祉利用者の体内に社会福祉労働者の抽象的人間労働と福祉労働手段・生活手段が積み上げられていると言うことだけである。このようなそれらに共通な結晶体として、これらのものを価値（価値の社会的実体は抽象的人間労働である）と言う。**つまり、抽象的人間労働が価値になるのは、人間存在の根本的要素である自然素材と抽象的人間労働とが結合し凝固状態の社会関係にあるからである。とするならば、福祉利用**

者（人間）と雖も自然素材と同次元（人間も自然的存在であり自然の一部であると言う意味）にあり、しかも人間（福祉利用者）に対して社会福祉労働者の抽象的人間労働がコミュニケーションを媒介として対象化・共同化され、福祉利用者がそれを享受（結合し凝固される事）し、人間らしい健康で文化的な抽象的人間生活力・抽象的人間労働力の維持・再生産・発達を部分的あるいは全体的に成就しているのである。

そして、単に価値を形成するだけではなく、剰余価値も形成する。と言うのは、土台（現代資本主義社会の生産様式）に絶対的に規定された国家は、社会福祉等のような「『人間投資』は、経済発展の基底（経済発展の基底は利潤で在り、利潤の源泉は剰余価値である—挿入、筆者）をなすもの、経済発展がそこから絶えず養分を吸収しなければならないものであり、経済発展に背くものではなく、その発展とともにあるのである」（1959年度版『厚生白書』、13頁）と考えているように、経済発展の基底（経済発展の基底は、利潤で在り、利潤の源泉は剰余価値である—挿入、筆者）である剰余価値の形成が行われるのである。つまり国家は、社会福祉労働者に労働力の価値（賃金）を支払うが、社会福祉労働者が一労働日（1日の労働時間）中に福祉利用者に対象化・共同化した価値は、社会福祉労働者の労働力の価値とこれを超過する部分とを含む。即ち一労働日は、必要労働＝支払い労働と剰余労働＝不払い労働との2つの部分からなるのである[23]。従って、福祉事業者が利潤を得る事ができるのは、剰余価値が形成されている事を証明しているのである。

社会福祉労働の統一・総合的規定においては、次のように考察を行っている。前述したように、社会福祉労働に内在している使用価値と価値・剰余価値の要因は、一方ではお互いに牽引しあうと同時に、他を否定しあい、排斥しあっていると言う関係にある事を通じて新しい質の社会福祉へ発展していくが、社会福祉基礎構造改革後の社会福祉においては剰余価値を高めていく受益者負担（応益負担）や市場福祉を拡大し、多くの矛盾を生み出し、深刻化させている[24]。こうした社会福祉基礎構造改革後の社会福祉に内在する矛盾を緩和し、福祉利用者にとっての使用価値を高めていく為には次のような提案が可能である。

つまり、まず社会福祉の基本問題の根源は、資本主義社会における生産手段の私的所有にあるので、生産手段の社会化や労働力の商品化の廃止が重要である。そしてその上で、生活問題を担った人々が社会福祉の必要性がある場合、いつでも居住している市町村で、侵す事ができない人権（憲法第11条）・生存権的平等保障（憲法第25条）の制度として、また、人権・生存権的平等保障は、「その時々の国の予算の配分によって左右されるべきものでないという事である。予算を贅沢にする事によって最低限度以上の水準を保障することは立法政策としては自由であるが、最低限度の水準は決して予算の有無によって決定されるものではなく、むしろこれを指導支配すべきものである」（朝日訴訟の地裁判決）と言う制度として、社会福祉を利用できるようにしていく事が使用価値を高めていく事になる（何故ならば、地方自治法第１条の２で示されているように、地方自治体は住民の福祉の増進を図る事を基本としているからである）。とするならば、福祉財源の税方式を基盤として[25]、河野正輝氏が指摘されているように、「①給付請求の権利（給付の要否や程度は、行政庁の一方的な裁量によって左右されるのではなく、社会福祉の必要性の有する人々の請求権に基づいて決定される。そして、給付請求権を権利として受給できるためには、イ．給付を申請することができること、ロ．適切な基準を満たした給付内容を求めることができること、ハ．いったん決定された給付を合理的な理由なく廃止されないこと等の規範的要素が満たさなければならない）、②支援過程の権利（社会福祉の支援過程で誤ったケアや虐待等が行われないことが重要である。その為には、イ．福祉サービスの種類・内容及びこれを利用する時の権利と義務について知る権利、ロ．自己の支援方針の決定過程に参加する権利、ハ．福祉施設利用者の場合、自治会活動を行い、それを通じて福祉施設の管理運営及び苦情解決に参加する権利、ニ．拘束や虐待等の危害・苦役からの自由の権利、ホ．通信・表現・信教の自由の権利、ヘ．プライバシーの権利、ト．貯金・年金など個人の財産の処分について自己決定の権利等が保障されなければならない)、③費用負担の免除の権利（社会福祉の必要性によって誰でも普遍的に給付請求権が保障される為には、一定の所得以下で社会福祉を必要としながらも、それに要する費用を負担できない人々に対して負担の免除が伴うのでなければならない。したがって、イ．免除を申請することができること、ロ．免除の決定処分を求めることができること、ハ．あらかじめ定められた徴収基準に反する徴収額に対してはその取り消しを求めることができること等が当然に求められなければならない)、④救済争訟の権利（社会福祉の給付の内容や費用負担の額等を巡って権利が侵害された時、苦情の申し立て、不服申し立てや訴訟を提起して救済を求めることが保障されなければならない。現行では社会福祉法による苦情解決から、社会保険審査官及び社会保険審査会法、行政不服審査法及び行政事件訴訟法等がある。行政処分に対する不服審査や訴訟等の手段は厳格な手続きを要するので、支援過程の苦情解決には必ずしも適さない場合もある。そこでオンブズマン方式等の苦情解決の取り組みが広がりつつある)[26]」の４つの権利の下に、国及び地方自治体（都道府県、市町村）の財政責任及び運営責任の下での公的責任を担保した上で、市町村が直接、社会福祉を提供していく現物給付型の仕組みを構築していく事が重要である（民間の福祉については、措置委託制度を復活させる事と、「負担は能力に応じて、給付は必要に応じて」を基本原則とする)。

そして、福祉利用者にとっての社会福祉の使用価値を高めていく為には、社会福祉労働者の労働条件と労働手段（生活手段）の改善と同時に、福祉利用者の能動的及び創造的潜在能力（多様な生活活動が支障なくできる事）や社会福祉（生活手段）の受動的及び享受的潜在能力の向上及び発達が必要である。

3 特徴

筆者の科学的方法論による社会福祉研究の特徴は、分析・抽象（下向）と綜合（上向）であるが、この点については以下のように叙述していく。

①分析・抽象（下向）

社会福祉研究の科学的方法においては、研究テーマにおける研究端緒（社会問題としての生活問題と社会福祉労働）の事実の現象の分析が重要である（従って、設定された研究端緒の事実の現象を鵜呑みにしない）。科学がいつも研究端緒の事実の現象分析から出発すると言うのは、研究端緒を鵜呑みにしないと言う事である。と言うのは、資本主義社会における社会問題としての生活問題と社会福祉労働は、思弁でもなく仮定でもなく生きた事実である。分析とはこうした与えられた事実の現象の分析であり、それ以外のどんなものの分析も認めないと言うのが筆者の著書『社会福祉学の探究』の特徴である。社会福祉学の真理は、我々の意識から独立した客観的な合法則的な連関の我々の頭脳への反映であり、社会福祉学の真理はいつでも事実の内に尋ねられ、分析はいつでも事実の分析であると言うのは、当然の帰結となる。このように分析が与えられた事実の分析であり、したがって科学としての社会福祉学はいつでも与えられた事実から出発すると言う事は、つまり既成の社会福祉の概念・定義や思弁・仮定から出発する事を認めないと言う事である。筆者が最も否定したいのは、既成の社会福祉の概念・定義や仮定から出発してこれについてあれこれ思弁して何か深遠な社会福祉学な事を言っているつもりになっている研究者である。それではじめに社会問題としての生活問題を分析してみよう。

ア．社会問題としての生活問題の分析

我々は日々の生活過程において生活手段を享受して（消費して）かつ生活活動（機能）の基盤である潜在能力（抽象的人間生活力・抽象的人間労働力）を発揮して生活を行っており、また、日々の生活過程において人間らしい健康で文化的な生活活動（機能）の基盤である潜在能力（抽象的人間生活力・抽象的人間労働力）の維持・再生産・発達・発揮と生産手段·生活手段の生産を行っている。従って、生活とは、享受（消費）過程だけではなく人間及び生産手段・生活手段の生産（労働）過程も含めた総体である。つまり、フリードリヒ・エンゲルスが指摘されているように、「唯物論的な見解によれば、歴史を究極において規定する要因は、直接の生命の生産と再生産とである。しかし、これは、さらに２種類のものから成っている。一方では、生活資料の生産、すなわち衣食住の諸対象とそれに必要な道具との生産。他方では、人間そのものの生産、すなわち種の繁殖がそれである。ある特定の歴史的時代に、ある特定の国の人間がそのもとで生活を営む社会的諸制度は、２種類の生産によって、すなわち一方では労働の、他方では家族の発達段階によって制約される[27)]。」

前述のように、人間らしい健康で文化的な生活活動（機能）の基盤である潜在能力（抽象的人間生活力及び抽象的人間労働力）の維持・再生産・発達の**成就**と**発揮**（消費）の前提となる物質は、生活手段と生産手段に分けられる。人間は労働（機能）の基盤である抽象的人間労働力を

用いて、自然を人間的に作り変えていく事ができ、**人間の本質的な要素**である。従って、今日の人間としての生活は、生活手段・生産手段の生産・再生産と同時に、人間の生活活動の基盤である人間らしい健康で文化的な潜在能力（抽象的人間生活力及び抽象的人間労働力）の維持・再生産・発達の成就と発揮（消費）の過程を常に伴っているのである。

ところで、現代資本主義社会の生活様式における生活手段（所得や教育制度等）の享受（消費）過程と人間の生活活動（機能）の基盤である人間らしい健康で文化的な潜在能力（抽象的人間生活力及び抽象的人間労働力）の維持・再生産・発達・発揮の成就の過程は、前述した資本主義社会の特徴を参照して述べるならば、次のような特徴を持つ。つまりそれは、宮本みち子氏が指摘されているように、「生産の中核が資本制生産（資本・賃労働関係）に基づき、利潤を目的とする大規模商品生産に組み込まれた社会である。人間と社会の再生産に必要とされるあらゆる物質が、商品として生産される市場で売買されるのみならず、人間の労働力自体が商品化する（賃労働）ところに、この生産様式の特徴は存在する。生産手段を奪われた労働者階級は、生活手段を自ら生産することができなくなった。そのため、自己の労働力商品を売り、賃金を得て生活手段を購入せざるをえない[28)]。」し、生活手段を購入できなければ、労働者階級に属する人の生活活動（機能）の基盤である人間らしい健康で文化的な潜在能力（抽象的人間生活力及び抽象的人間労働力）の維持・再生産・発達・発揮も不可能である。従って、社会問題としての福祉利用者の生活問題とは、後述するように相対的過剰人口と恐慌（資本主義的蓄積の発展は必然的に社会の消費力を越える生産の拡張を生み出し、その結果、周期的に販売しえない商品が溢れるようになる。過剰生産の結果、資本の再生産過程が麻痺し、価格の崩落・企業の倒産と集中・生産力の破壊・失業と賃金きり下げ等をもたらす）によって生成する失業、不安定就労、低所得、疾病、家庭欠損、障害・負傷等によって生活手段（所得及び教育制度等）の不足・欠如と生活手段の不足・欠如から関係派生的に生成してきた人間らしい健康で文化的な生活活動（機能）の基盤である人間らしい健康で文化的な潜在能力（抽象的人間生活力及び抽象的人間労働力）の維持･再生産･発達の成就や発揮（消費）の阻害（福祉利用者の潜在能力の不足・欠如）の生活問題が生成する。そして、社会問題としての生活問題を担った人（福祉利用者）は、労働者階級や中間階級等の相対的過剰人口に属している人々であると言える 。つまり、社会問題としての福祉利用者の生活問題には**階級的生活問題と階層的生活問題**の二重性がある。

では、こうした社会問題としての福祉利用者の生活問題は**主に**どのような**社会的原因**で生成してくるのであろうか。まず階級的生活問題であるが、現代資本主義社会における資本は、物質的生産において剰余価値及び特別剰余価値[29]による独占資本の蓄積を行うのであるが、この資本の蓄積過程はカール・マルクスが次のように指摘されている。資本主義社会の下では、生産力が増えるにつれて、「資本の有機的構成や資本の技術的形態の変化はますます速くなり、また、ある時は同時に、ある時は交互に、この変化に襲われる生産部面の範囲は広くなる。だから労働者人口は、それ自身が生み出す資本蓄積につれて、ますます大量にそれ自身の相対的過剰化の手段を生み出すのである[30]。」「社会的な富、現に機能している資本、その増大の規模とエネルギー、したがってまたプロレタリアートの絶対的な大きさとその労働の生産力、これらのものが大きくなればなるほど、産業予備軍も大きくなる。自由に利用されうる労働力は、資本の膨張力を発展させるのと同じ原因によって発展させられる。つまり、産業予備軍の相対的な大きさは富の諸力といっしょに増大する。しかしまた、この予備軍が現役労働者に比べて大きくなればなるほど、固定した人口はますます大量になり、その貧困はその労働苦に正比例する。最後に、労働者階級の極貧層と産業予備軍とが大きくなればなるほど公認の受救貧民層もますます大きくなる。**これが資本主義的蓄積の絶対的な一般法則である**[31)]。」そして、「資本が蓄積されるにつれて、労働者の状態は、彼の受ける支払いがどうであろうと、高かろうと安かろうと、悪化せざるをえないということになるのである。……、相対的過剰人口または産業予備軍をいつでも蓄積の規模およびエネルギーと均衡を保たせておくという法則は、ヘファストスのくさびがプロメテワスを岩に釘づけにしたよりももっと固く労働を資本に釘づけにする。だから、一方の極での冨の蓄積は、同時に反対の極での、すなわち自分の生産物を資本として生産する階級の側での、貧困、労働苦、奴隷状態、無知（潜在能力の発達・発揮の阻害―挿入、筆者）、粗暴、道徳的堕落の蓄積なのである[32)]。」そして、この相対的過剰人口は、基本的には３つの形態（流動的過剰人口[33)]、潜在的過剰人口[34)]、停滞的過剰人口[35)]として存在するが、社会問題としての生活問題を担った人は相対的過剰人口の内に含まれているのであって、労働者階級や中間階級等の生活問題は、相対的過剰人口とともに冨の資本主義的な生産及び発展の一つの**必須条件**となっていのである。

このように、労働者階級や中間階級等に属している福祉利用者の社会問題としての生活問題の生成は、現代資本主義社会の**構造的法則**そのものの直接的な表現である。そして、福祉利用者は、生産手段・生活手段からも自由である（絶対的貧困）。それ故、唯一所有している労働力の使用権の販売によって賃金（生活手段）を獲得しなければ自らの人間らしい健康で文化的な生活活動（機能）の基盤である人間らしい健康で文化的な潜在能力（抽象的人間生活力・抽象的人間労働力）の維持・再生産・発達・発揮の成就が不可能であるところに生活問題の根本問題がある（特に障害のある人は労働力の欠損者として見なされている為に失業率が高く、社会福祉の必要性は高い[36]）。そして、資本の蓄積及び拡大は、相対的過剰人口が存在しなければ不可能である。と言うのは、「資本の蓄積は、沈滞・好況・繁栄及び恐慌という産業循環を経ながら行われる。そして資本の蓄積は、好況・繁栄の時期には突然大規模に行われる。ところが資本の蓄積及び生産拡大が突然大規模に行われる為には、大量の労働力が生産過程に存在しなければならない。しかし、人口の自然増加によってこの膨大な労働力を突然供給することは不可能である。急速で大規模な生産拡張が可能なのは、全く相対的過剰人口が常に存在するからである[37]」**この点と価値増殖過程での搾取**に社会福祉等の社会保障に対する資本の高負担を要求していく一つの**社会的根拠**があると思われる。

次に階層的生活問題であるが、この階層的生活問題は前述の階級的生活問題から関係派生的に生成してくるものである。つまり、橘木俊詔氏が指摘されているように、親（労働者階級や中間階級等）の低所得水準ほど子供の学力低下が見られ[38]、貧困家庭で育った子供は低学歴で終わり、「フリーターになる人の大半は高卒、高校中退、中卒という低学歴層なのである。したがって、低学歴者であることは、フリーターになるリスクを背負っていることを意味する[39]。」また、**法制度によって**労働者階級等の一員である人に社会問題としての生活問題が形成され深刻化してくる。つまり、「一部の主力正社員以外は派遣や請負による非正規でまかない、それによって人件費を軽減して企業業績を好転させようとする経済団体連合会の提言どおりの労働法制の規制緩和や労働者派遣制度によって、2003年から2006年までの間に、劣悪な労働条件（低賃金や社会保険の無加入）のパートや派遣社員などの非正規雇用者が300万人増え、今や1,726万人、全体の33.7%にもなっている[40]。」

前述したように、社会問題としての福祉利用者の生活問題は、現代資本主義社会の**構造的法則**によって階級的に生成してくるものであるが、さらに重要な点は、福祉利用者の生活問題の中には社会福祉政策対象としての所得・教育制度等も含めた人間らしい健康で文化的な生活活動（機能）の基盤である潜在能力（抽象的人間生活力と抽象的人間労働力）の維持・再生産・発達・発揮の成就の為の生活手段の不足・欠如の側面（外部的条件）と生活手段の不足・欠如の問題から関係派生的に生成してきた福祉臨床的対象としての生活活動（機能）の基盤である潜在能力[41]の維持・再生産・発達・発揮の阻害の側面（内部的条件）がある。現実に人が人間らしい健康で文化的な生活（人間らしい健康で文化的な生活活動［機能］の基盤である潜在能力［抽象的人間生活力・抽象的人間労働力］の維持・再生産・発達・発揮の成就）を実感できるのは、日常の生活や社会活動（人間らしい健康で文化的な生活活動［機能］の基盤である潜在能力［抽象的人間生活力・抽象的人間労働力］の発揮［消費］）を十分に行っている時の方が多く、しかもアマルティア・センが指摘されているように、「『福祉』（well-being）はひとが実際に**成就**するもの—彼／彼女の『状態』（being）はいかに『よい』（well）のものであるか—に関わっている[42]。」点に注目しなければならない。つまり、人間らしい健康で文化的な所得等も含めた生活手段の保障の点に留まらず、さらに人の**機能**（機能とは、人が**成就**しうること、彼／彼女が行いうること、なりうることである）にも注目しなければならない。「たとえば、あるひとが栄養の摂取を困難にするような寄生虫性の病気をもっていれば、他のひとにとって十分過ぎるほどの食物（生活手段—挿入、引用者）を消費しえたとしても、彼／彼女は栄養不足に苦しむかもしれないのである。ひとの福祉について判断する際には、彼／彼女が所有する財（生活手段—挿入、引用者）の特性に分析を限定するわけにはいかない。われわれは、ひとの『機能』(functioning) にまで考察を及ぼさねばならないのである。財の所有、従ってまた財の特性に対する支配権は個人に関わることであるが、財の特性を数量的に把握する方法はその財を所有するひとの個人的特徴に応じて変わるわけではない。自転車（生活手段―挿入、引用者）は、それをたまたま所有するひとが健康体の持主であれ障害者であれ､ひとしく『郵送性』と言う特性をもつ財として処理されてしまう。ひとの福祉について理解するためには、われわれは明らかにひとの『機能』にまで、すなわち彼／彼女の所有する財とその特性を用いてひとはなにをなしうるかにまで考察を及ぼさねばならないのである。たとえば、同じ財の組み合わせが与えられても、健康なひとならばそれを用いてなしうる多くのことを障害者はなしえないかもしれないという事実に対して、われわれは注意を払うべきなのである[43)]。」（傍点、筆者）とするならば、さらに福祉利用者の生活活動（機能）の基盤である人間らしい健康で文化的な潜在能力の問題を以下のように分析していく必要がある。

福祉利用者の生活活動（機能）の基盤である人間らしい健康で文化的な潜在能力の問題の第１点は、所得等も含めた生活手段の不足・欠如の生活問題と生活手段の不足・欠如から関係派生的に生成してきた福祉利用者の生活活動（機能）の基盤である人間らしい健康で文化的な潜在能力の不足・欠如の生活問題との連関性の問題である。社会問題としての福祉利用者の生活問題は、所得等も含めた生活手段の不足・欠如であると言う認識と生活手段の不足・欠如から関係派生的に生成してきた福祉利用者の生活活動（機能）の基盤である人間らしい健康で文化的な潜在能力の維持・再生産・発達・発揮の阻害と言う認識を区別する事は重要であるが、それら２つの問題の連関性にも注目する事が重要である。と言うのは、所得等も含めた生活手段は福祉利用者の生活活動（機能）の基盤である人間らしい健康で文化的な潜在能力の向上に、福祉利用者がもっと生産的になり、高い所得等も含めた生活手段を得る能動的・創造的潜在能力を拡大する傾向があるのだから、福祉利用者の生活活動（機能）の基盤である人間らしい健康で文化的な潜在能力の改善はより多くの所得等に繋がり、その逆（所得等が福祉利用者の生活活動［機能］の基盤である人間らしい健康で文化的な潜在能力を改善する事）だけではない事も期待される。福祉利用者の生活活動（機能）の基盤である人間らしい健康で文化的な潜在能力の向上は、所得等も含めた生活手段の不足・欠如の生活問題を解決・緩和していく場合に重要である。より良い福祉教育（学ぶこと）と保健・福祉等の改善は、生活の質を間接的に改善するだけではない。それは福祉利用者が所得等を含めた生活手段を得て、所得等も含めた生活手段の不足・欠如の問題から自由になる生活活動（機能）の基盤である人間らしい健康で文化的な潜在能力も増大させる。福祉教育と保健・福祉等の生活手段がより多くの福祉利用者に及ぶほど、社会問題としての生活問題を担っている福祉利用者が社会問題としての生活問題に打ち勝つ可能性が大きくなるのである。この連関性は、次のようなある障害のある人の福祉施設（社会福祉法人大木会あざみ寮）において照明されている。「単に『生きているだけ』ではなく『人間らしく生きる』ことが求められているのは言うまでもありません。人間らしく生きるために、憲法では多くの権利を保障しています。人間らしく生きる権利のひとつに『学ぶ』権利があります。どんなに障害が重くとも学ぶ権利があるのです。……学ぶことは、人間らしく生きること、さらにより豊かに生きることを、障害の重い人たちの分野でも証明しているのです[44]。」

第２点は、所得等も含めた生活手段と福祉利用者の生活活動（機能）の基盤である人間らしい健康で文化的な潜在能力の関係は福祉利用者の年齢によって（例えば、高齢の障害のある人や障害のある幼年児特有の必要ごとによって)、性と社会的役割によって（例えば、子供を持つ障害のある女性の母親としての社会的責任、慣習によって決定されている家庭内の義務等を通じて)、場所（農村や都市）によって、医療の環境によって（例えば、リハビリテーションを備えた医療施設がない事を通じて)、その他の条件によって大きな影響を受けると言う事である。と言うのは、アマルティ・センが指摘されているように、「財（生活手段—筆者挿入）の特性を機能の実現へと移す転換は、個人的・社会的なさまざまな要因に依存する。栄養摂取の達成という場合にはこの転換は、（1）代謝率、（2）体のサイズ、（3）年齢、（4）性（そして女性の場合には妊娠しているか否か)、（5）活動水準、（6）（寄生虫の存在・非存在を含む）医学的諸条件、（7）医療サービスへのアクセスとそれを利用する能力、（8）栄養学的な知識と教育、（9）気候上の諸条件などの諸要に依存する[45]。」つまり、アマルティア・センは二宮厚美氏が前述しているように、「従来の福祉観がどちらかというと財貨（生活手段—筆者、挿入）の側に視点を置いて平等な福祉観を論じてきたのに対し、視点を180度転換して、人間の側に移したのです。生存に必要なさまざまなモノは、人間の福祉にあたって不可欠なものであるが、そのモノの価値はそれを活用する人間の潜在能力によって可変的である。したがって、**人間生活の福祉を考える場合にはモノ（社会福祉サービスそのモノあるいは社会福祉法そのモノ等**—筆者、挿入）**それ自体ではなく、それを活用していきる人間の潜在能力に視点を移して、その発展を考えなければならない**[46]、」(傍点、筆者）と明言する事ができるが、しかし筆者は、人間が生きていき為には衣食住（モノ）が絶対的に必要なので、社会福祉等の生活手段そのモノ（生活手段の不足・欠如）と社会福祉等の生活手段そのモノを活用して生きる人間の生活活動（機能）の基盤である人間らしい健康で文化的な潜在能力（潜在能力の維持・再生産・発達・発揮の阻害）を統一的に捉える事を強調し、その統一的把握が筆者の独創的な生活問題の概念である。

イ．社会福祉労働の分析

社会福祉労働は第一に、生活手段として福祉利用者の何らかの種類の欲望を部分的あるいは全体的に享受しているのである（つまり、福祉利用者が人間らしい健康で文化的な生活活動［機能］の基盤である潜在能力［抽象的人間生活力］の維持・再生産・発達・発揮を行う事ができる欲望を享受する事）。この欲望の享受は、それが例えば物質的生産物（福祉施設、福祉機器、生活保護制度の金銭、福祉手当の金銭等）で生じようと、人的サービス（介護福祉サービス等）あるいは物質的生産物と人的サービスとの併用で生じようと、少しも福祉利用者にとってその**使用価値**の事柄の性質を変えるものではない。重要なのは、社会福祉労働手段と伴に社会福祉労働が福祉利用者に対象化（社会福祉労働の対象化とは、福祉利用者に社会福祉労働手段と伴に社会福祉労働者の抽象的人間労働の凝固の社会関係を意味する）・共同化（社会福祉労働の共同化とは、二宮厚美氏が指摘されているように、社会福祉労働をひとつの労働過程として捉えた場合、社会福祉労働者がその労働主体となるが、社会福祉労働者と福祉利用者とのコミュニケーション過程の面から見ると、社会福祉の必要性・要求の発信主体は福祉利用者であり、社会福祉労働は福祉利用者の了解・合意を前提にして、ひとつの共受関係に入る事を意味する。そして、社会福祉労働者は福祉利用者の生活活動［機能］の基盤である潜在能力＝抽象的人間生活力に非言語及び言語的コミュニケーションを媒介にして働きかけ、その生活活動［機能］の基盤である潜在能力＝抽象的人間生活力を顕在化（発揮）させる事によって、福祉利用者は人間らしい健康で文化的な生活活動［機能］の基盤である潜在能力＝抽象的人間生活力の維持・再生産・発達・発揮を成就しているのである[47)]）され、福祉利用者の欲望が享受される事によって、福祉利用者の人間らしい健康で文化的な生活活動（機能）の基盤である潜在能力＝抽象的人間生活力の維持・再生産・発達・発揮に部分的あるいは全体的に関係していると言う事は二重の観点から、即ち量と質の面から分析していく必要があるが、**その有用性は福祉利用者にとって使用価値になる**。しかもこの使用価値は、福祉利用者の社会福祉労働の使用関係や社会福祉労働の**実体（実態）に制約**されているので、その使用・享受関係や実体（実態）なしには存在しない。それ故、社会福祉労働における人的サービスの提供そのもの、生活手段提供そのもの、金銭給付そのもの等との使用・享受関係やその実体（実態）が使用価値なのである。そして、使用価値はどれぐらいの人的サービス、どれぐらいの生活手段、どれぐらいの金銭と言ったような、その量的な規定性が前提とされ、また、実際の使用と享受によってのみ成就される（つまり、実際に使用と享受されていない社会福祉は**潜在的社会福祉**であり、実際に使用と享受されている社会福祉は**顕在的社会福祉**である）。さらにこの使用価値は、原始共同体における相互扶助活動[48)]、奴隷社会における都市国家の救済制度[49)]、封建社会における農村の荘園の相互扶助活動及び都市ギルドの相互扶助活動・慈善活動と絶対王政下の救貧制度[50)]、資本主義社会における社会福祉[51)]、社会主義社会における社会福祉[52)]、にも存在しており、社会福祉の素材的な内容をなしている。

使用価値はなによりもまず、多様に異なった量と質でありその有用性であるが、その使用価値を捨象するならば、社会福祉労働に残っているものは無差別に抽象的人間労働力の、その支出形態（人的サービス提供形態の社会福祉労働、住宅提供形態の社会福祉労働、食物提供形態の社会福祉労働、金銭給付形態の社会福祉労働等）には関わりの無い抽象的人間労働力の支出の、ただの凝固の社会関係のほかにはなにもない。これらの事が意味しているのは、ただ、その福祉利用者に社会福祉労働手段と伴に社会福祉労働者の抽象的人間労働が対象化・共同化され、福祉利用者の体内に抽象的人間労働が積み上げられ享受されていると言う事だけである。このような社会福祉労働の社会関係の結晶として、これらのものを価値（価値の社会的実体は、抽象的人間労働である）と言う。**つまり、抽象的人間労働が価値になるのは、人間の存在の根本的要素である自然素材と抽象的人間労働とが結合し、凝固状態の社会関係にあるからである。とするならば、福祉利用者（人間）と雖も自然素材と同次元（人間も自然的存在であり自然の一部であると言う意味）にあり、しかも人間（福祉利用者）に対して社会福祉労働者の抽象的人間労働が社会福祉労働手段とコミュニケーションを媒介として対象化・共同化され、福祉利用者がそれを享受（結合し凝固される事）し、人間らしい健康で文化的な生活活動（機能）の基盤である潜在能力（抽象的人間生活力・抽象的人間労働力）の維持・再生産・発達・発揮を部分的あるいは全体的に成就しているのである。**さらに、単に価値を形成するだけではなく剰余価値も形成する。と言うのは、土台（現代資本主義社会の生産様式）に規定された国家の機関である旧厚生省は、社会福祉等の「『人間投資』は、経済発展の基底（経済発展の基底は利潤であり、利潤の原泉は剰余価値である―挿入、筆者）をなすもの、経済発展がそこから絶えず養分を吸収しなければならないものであり、経済の発展に背くものではなく、その発展とともにあるものである[53]」と考えており、社会福祉労働に必要な労働力商品の価値総額よりも高い事を欲するからである。国家は、国家財政を通して社会福祉労働者に労働力の価値（賃金）を支払うが、社会福祉労働者が一労働日（一日の労働時間）中に福祉利用者に対象化・共同化した価値は、社会福祉労働者自身の労働力の価値とこれを超過する部分とを含む。**即ち、一労働日は必要労働＝支払い労働と剰余労働＝不払い労働との二つの部分からなるのである。このように、社会福祉労働過程での剰余労働によって作り出された部分の価値を剰余価値と言う**。

いま筆者の著書『社会福祉学の探究』における社会福祉労働の事実の現象の分析の場合を見ると、現代資本主義社会における社会福祉は社会福祉労働が殆んど媒介としており、また、社会福祉労働を福祉利用者と総資本・国家等との社会関係の関連で見ると、社会福祉労働の中には使用価値と価値・剰余価値（**社会福祉の本質**）が矛盾体として統一されている事を分析する。つまり､現代資本主義社会における社会福祉労働は、使用価値と価値・剰余価値の結合体であり、自然的形態（使用価値）と社会的形態（価値・剰余価値）との２つの形態を持つ二重物である（しかし、社会福祉の本質「価値・剰余価値」が問題である当面の場合、その使用価値の側面は少しも関係のない事であり、そうした二重物としての複雑な形態で社会福祉労働を取り上げる事は問題の解決を困難にするだけであるから、社会福祉労働はその使用価値の側面を捨象して、一面的に価値・剰余価値の側面だけから採り上げる）。

このように、社会福祉労働は自然的形態と社会的形態との２つの形態を持つ二重物であり、従ってそれは一個の矛盾体である事は、寧ろ筆者によって科学的な分析と抽象によって捉える事ができたのである。

ウ、社会問題としての生活問題と社会福祉労働との内的必然的関係

相対的過剰人口の一員である福祉利用者（社会問題としての生活問題を担った労働者）が存在しなければ、価値及び剰余価値を究極の目的としている総資本にとって、資本の蓄積及び拡大は不可能である。と言うのは､「資本の蓄積は、沈滞・好況・繁栄及び恐慌という産業循環を経ながら行われる。そして資本の蓄積は、好況及び繁栄の時期には、突然大規模に行われる。ところが資本の蓄積及び生産拡大が突然大規模に行われるためには、大量の労働力が生産過程に存在しなければならない。しかし、人口の自然増加によってこの膨大な労働力を突然供給する事は不可能である。急速で大規模な生産拡張が可能なのは、全く相対的過剰人口がつねに存在するからである[54]」。また、土台（現代資本主義社会の生産様式）に絶対的に規定された国家の機関である旧厚生省は、社会福祉等の「『人間投資』は、経済発展の基底（経済発展の基底は利潤であり、利潤の原泉は剰余価値である―挿入、筆者）をなすもの、経済発展がそこから絶えず養分を吸収しなければならないものであり、経済の発展に背くものではなく、その発展とともにあるものである[55]」と考えており、社会福祉労働に必要な労働力商品の価値総額よりも高い事を欲するからである。国家は、国家財政を通して社会福祉労働者に労働力の価値（賃金）を支払うが､社会福祉労働者が一労働日（一日の労働時間）中に福祉利用者に対象化・共同化した価値は、社会福祉労働者自身の労働力の価値とこれを超過する部分とを含む。**即ち、一労働日は必要労働＝支払い労働と剰余労働＝不払い労働との二つの部分からなるのである。このように、社会福祉労働過程での剰余労働によって作り出された部分の価値を剰余価値と言う**。このように福祉利用者にとっては、使用価値として社会福祉は絶対的に必要な必然的内的連関があり、一方、国家・総資本にとっては、価値・剰余価値として社会福祉は絶対的に必要な必然的内的連関がある。

②統一（総合＝発展）

分析や抽象によって範疇が得られると、今度は上向（総合）過程が始まる。それは初めから全体の現代資本主義社会における社会福祉労働の具体的な現象を思い浮かべながら、本質的範疇から検証（照合）していく上向過程である。これを筆者の著書『社会福祉学の探究』の実際の叙述から見てみよう。

現代資本主義社会における社会福祉においては、国家は総資本の維持・発展の為の相対的過剰人口の維持の機能等に重点を置いていると同時に、剰余価値に重点を置いている。それ故、福祉利用者の社会福祉サービスの商品化は必然的になる（こうして社会福祉は、社会福祉労働力商品の購買と消費によって自己増殖するところの剰余価値の具現化である事が示される）。そして、社会福祉の必要性のある低所得・貧困者の福祉利用者（つまり、一般の生活手段の商品の購買力のない人々）の生存権的平等保障の社会福祉の使用価値の阻害は拡大されていく。即ち、初めに単に社会福祉労働の事実の現象に過ぎなかったものが、社会福祉労働の概念に変えられ、さらに社会福祉の概念に変えられるのである。そして、福祉利用者にとっての社会福祉の使用価値を高めていく為には、①労働者階級の生産手段の管理・運営と生産手段の主権型共同占有の下における生活手段の個人的所有の実現、②消費税の増税によらず、所得税・法人税・資産課税の再性と企業の内部留保への課税、③社会福祉の具体的権利規定の法制化、④福祉利用者の潜在能力の顕在化保障と福祉教育等による潜在能力の発達保障、⑤地方主権型福祉社会の財政的基盤となる地方主権的財政システムの構築、⑥社会福祉財政の削減・圧縮・抑制と社会福祉法制度の改悪に反対する民主的統一戦線の結成等を実現していく事を叙述している。

このように筆者の弁証法的唯物論及び史的唯物論による科学方法は、資本種主義社会における社会福祉の仕組みや発展のあり方をあくまでも肯定的に理解しながら、同時にそれが没落する必然性を捉え、その否定的理解も含む。つまり資本主義社会における社会福祉の生成・発展と同時にそれが消滅せざるをえない運動の流れの中で捉える。したがって、資本主義社会における社会福祉の肯定的理解がそのまま否定的理解になるので、なにものによっても威圧される事なく、その本性上、批判的であり変革的な方法となる。

4 おわりに

現代資本主義社会における社会福祉の本質とは何かを、一定の仮説の下に研究していく場合、研究テーマにおける研究端緒の設定が重要になってくる。そして、研究端緒を社会の上部構造に位置付け、それを分析し抽象化していく事が重要である。社会福祉の概念（社会福祉は、使用価値と価値・剰余価値の矛盾対の統一体である)、基本的法則（現代資本主義社会における社会福祉は、福祉利用者にとっての使用価値よりも国家及び総資本にとっての価値・剰余価値を主な目的としていると言う**法則**）についての理解へ進む最初の方法は、分析的・抽象的方法（下向過程）である。ここでは、研究端緒である社会福祉労働の二要因（使用価値と価値・剰余価値）の分析を行っている。そして、社会福祉研究における分析的方法の特徴は、抽象（社会的形態の側面を価値・剰余価値に抽象化していく）と分析である。この意味で、**筆者は、福祉利用者の社会福祉研究の科学方法論においては分析と抽象が基本的方法であると考える。**

そして、研究端緒の社会福祉労働の分析によって、それが使用価値と価値・剰余価値の矛盾対の統一体として捉えられた後、現代資本主義社会における社会福祉を綜合（発展）との関連で、それら二つの要因の統一規定を行っている（上向過程)。

こうして、現代資本主義社会における社会福祉の本質が何であるかの福祉研究的認識（構造的認識）が可能になり、次に、社会福祉の使用価値を高めていく為の福祉実践（福祉労働）的認識（機能的認識）はどうあるべきかの福祉実践（福祉労働）的認識（機能的認識）が深められる。筆者は、福祉利用者にとっての使用価値を高めていく為には生産手段の社会化・社会福祉労働力の商品化の廃止を行い、そして受益者負担（応益負担）の拡大や市場福祉の拡大等ではなく、国及び地方自治体の公的な実施責任及び公的な財政責任の下における社会福祉のあり方を示す（福祉実践［福祉労働］的認識［機能的認識］)。そして、こうした福祉実践（福祉労働）的認識（機能的認識）をより発展させていく為には、福祉利用者及び社会福祉労働者を初めとする国民大衆の人々が、具体的な生活困難の問題、しかも絶対焦眉の社会福祉の訴訟や事件等に基づいて、他のそれぞれの社会階級・階層の知的・精神的・政治的な一切の現れを観察し学習・研究する事を学び、また、社会福祉に対する国民の全ての階級・階層・集団の活動と生活の全ての側面の弁証法唯物論及び史的唯物論における分析と評価を社会福祉の実地に応用する事を学ばねばならない。さらに、社会福祉の発展は、福祉利用者の為の社会福祉運動の統一戦線の結成と社会福祉労働戦線の階級的・民主的強化の闘いの中で進行していると同時に、それらの運動・労働等に参加している人々の「人間的富（豊かな欲求と潜在能力［抽象的人間生活力・抽象的人間労働力］を保持している人間)」も発展していくのである。

3

科学方法論に基づいた研究論文

3　科学方法論に基づいた研究論文

現代資本主義社会の生産様式との関連で社会福祉の基本問題の分析と総合によって社会福祉の法則（法則とは、資本主義社会の生産様式の条件の下に法則的に生成する社会問題としての生活問題［必需的な生活手段＝所得・教育制度等の不足・欠如と生活手段の不足・欠如から関係派生的に生成してきた福祉利用者の人間らしい健康で文化的な生活活動「機能」の基盤である潜在能力＝抽象的人間生活力・抽象的人間労働力の維持・再生産・発達・発揮の阻害＝福祉利用者の潜在能力の不足・欠如の生活問題］と福祉利用者の生活問題に対応する社会福祉労働の現象の間の普遍的・必然的関係、つまり、社会問題としての生活問題に対応する資本主義社会の土台である生産様式における社会福祉の必然性及び福祉利用者の社会問題としての生活問題に対応する社会福祉労働に内在する使用価値と価値・剰余価値との普遍的・必然的関係及び矛盾対、そして資本主義社会における福祉労働手段＝福祉事業所、福祉施設等の社会化による使用価値としての社会福祉の社会福祉の発展と剰余価値としての社会福祉の没落を意味する）を究明し、法則に基づいた社会福祉の福祉実践（福祉労働）の課題を考察する理論（理論とは、科学［科学とは、福祉観察や福祉労働等の経験的手続きによって実証された法則的・体系的知識を意味する］において福祉利用者の社会問題としての生活問題及び社会福祉労働等を統一的に説明し予測する事のできる普遍性を持つ体系的な知識を意味する）体系を構築する事が本研究論文の課題である。

ところが、次のような社会福祉の**法則**そのものの解明を否定する考え方もある。「そもそも社会福祉研究は、わが国の『社会福祉理論』の伝統からいうなら『現実の科学』であり、実践の学である。法則定立科学ではなく、実践科学、課題解決型の科学として社会福祉学が存在するというのが社会福祉領域の学界の一般的意見であろう[56)]」。これでは他の社会科学の分野から社会福祉は学問ではないと批判されるのも尤もな事である。勿論、「社会福祉学の視点」において叙述したように、社会福祉学は法則の解明に留まるものではない。つまり、単に社会福祉の福祉研究的認識（**基本法則かつ構造的認識**「社会福祉労働に内在する使用価値と価値・剰余価値の矛盾対の認識」）に留まらず、社会福祉の福祉研究的認識（構造的認識）から導き出される社会福祉の福祉実践（福祉労働）的認識（**機能的認識**「福祉利用者が社会福祉労働手段も含む社会福祉労働を享受し、人間らしい健康で文化的な生活活動＝機能の基盤である抽象的人間生活力［人間が生活の際に支出する脳髄、神経、筋肉等を意味する］・抽象的人間労働力［人間が労働の際に支出する脳髄、神経、筋肉等を意味する］の潜在能力の維持・再生産・発達・発揮の成就」）にまで進まなければならない。例えば、カール・マルクス、大友信勝氏、アマルティア・センが指摘されているように、「受給貧民は、現役労働者軍の廃兵院、産業予備軍の死重をなしている。受給貧民の生産は相対的過剰人口の生産のうちに含まれており、その必然性は相対的過剰人口の必然のうちにふくまれているのであって、受給貧民は相対的過剰人口とともに冨の資本主義的な生産および発展の一つの存在条件になっている。……この産業予備軍が現役労働者軍に比べて大きくなればなるほど、固定した過剰人口はますます大量になり、その貧困はその労働苦に正比例する。最後に、労働者階級の極貧層と産業予備軍とが大きくなればなるほど、公認の受給貧民（生活保護を受給している貧困者―挿入、引用者）もますます大きくなる。これが資本主義的蓄積の絶対的な一般的な法則である[57]。」（カール・マルクス）と言う認識は法則を認識する福祉研究的認識（構造的認識）であり、「社会福祉とは格差・貧困問題を現代社会における生活問題として認識し、社会的困難に直面している人びとの暮らしと自立を支え、人びとがその人らしくいきていくうえで必要な生活問題の改善・解決をはかる社会的方策と考えている[58]。」（大友信勝）と言う認識と「『福祉』（well-being）はひとが実際に**成就**するもの—彼／彼女の『状態』（being）はいかに『よい』（well）ものであるか—に関わっている[59]。」（アマルティア・セン）ので、社会福祉労働等を通していかに福祉利用者の潜在能力によって人間らしい健康で文化的な生活を成就させていくかの認識は、実践を志向する福祉実践（労働）的認識（機能的認識）である。それゆえ社会福祉学の研究にとって重要なのは、両者の統一的認識であり、言わば松村一人氏が指摘されているように、学問は「対象と実践的見地との両者をその内に含んでいる[60]。」と考える。本研究論文では、以上の点を踏まえて、社会福祉の基本問題と課題について考察していく。

1　社会福祉の概念規定

①分析の前提

我々は、日常、個人あるいは家庭で多様かつ必需的な生活手段（衣食住等）を生活活動＝機能（生きていく為の活動）の過程で享受（消費）して人間らしい健康で文化的な**生活活動**（**機能**）の基盤である潜在能力（抽象的人間生活力・抽象的人間労働力）の維持・再生産・発達・発揮を成就している。宮本みち子氏が指摘されているように、「生活は大きく分類すれば、必需的な生活基盤機能と、そのうえに展開される生活創造機能に分けられる。前者は人間の生理的再生産に関係する必需的部分である。内容は、①職機能、②健康維持機能、③衣装機能、④住機能、⑤移動機能、に分けられる[61]。」後者は、「①娯楽機能、②教育機能に分けることができる[62]。」

何らかの社会的原因（相対的過剰人口や恐慌による失業等）で個人あるいは家庭で人間らしい健康で文化的な生活活動（基盤）の基盤である潜在能力（抽象的人間生活力・抽象的人間労働力）の維持・再生産・発達・発揮を成就していく事が部分的あるいは全体的に不可能になった場合、社会福祉労働（社会福祉労働手段も含む）が福祉利用者の**生活手段**（社会福祉労働は福祉利用者にとって生活手段であるが、一般的な生活手段と違って、生活手段の享受能力を引き出してくれる**特殊な生活手段**である）として対応していくが、日常の生活過程で福祉利用者の**生活活動**（**潜在的能力**）によって成就していく事と違いは無い。そして、富沢賢治氏が現代資本主義社会における生活矛盾（生活問題）を経済的社会構成体（経済的社会構成体は、生産力の一定の発展段階に照応する生産関係の総体を経済的土台として捉え、社会的・政治的・精神的諸関係を、そのような土台の上に必然的に成り立った上部構造として捉え、両者を統一的に総括した概念である）に照応した全社会的生活過程との関連で考察されているように、社会福祉も全社会的生活過程との関連で考察していく事が重要と考える[63]。

それでは、現代資本主義社会の社会福祉は全社会的生活過程の中でどこに位置づけられるのであろうか。カール・マルクスが指摘されているように、「われわれはあらゆる人間的存在の、したがってまたあらゆる歴史の、第一の前提、すなわち人間たちは『歴史をつくり』うるために生きることができねばならないとう前提を確認することからはじめねばならない[64]」。そして、福祉利用者の人間らしい健康で文化的な生活活動（機能）の基盤である潜在能力（抽象的人間生活力･抽象的人間労働力）の維持・再生産・発達・発揮を成就する為には、「なにはさておき飲食、住、衣、その他、若干のことがなくてはかなわない。したがって最初の歴史的行為はこれらの必要の充足のための諸手段の産出、物質的生活そのものの生産であり、しかもこれは、今日もなお何千何年と同じように人間たちをただ生かしておくだけのために日々刻々、果たさなければならぬ一つの歴史的行為であり、あらゆる歴史の根本的条件である[65]」。

とするならば､社会福祉の土台は物質的生産であり､その生産様式（生産様式は、生産力と生産関係との統一で、一定の生産力と一定の生産関係とから成り立つ）である。つまり、富沢賢治氏が指摘されている経済的生活過程であり、その「経済的生活過程は、物質的冨の生産、分配、交換、消費の過程から成る。生産諸力を用いて人間が相互に関連しあって自然との資料変換をどのように行うかというその様式に、歴史的な社会構造を問題とする視点から形態規定を与えたものが生産様式であり、資料変換のさいの諸個人間の関連を生産様式という概念装置をとおして整序してとらえかえしたものが生産関係である[66]。」

この経済的生活過程の土台の上に社会的生活過程[67]、政治的生活過程[68]、精神的生活過程[69]が位置し、国家（地方自治体も含む）及び国家等の公的あるいは民間の社会福祉は政治的生活過程・社会的生活過程・精神的生活過程に属するが、経済的生活過程が社会的生活過程、政治的生活過程、精神的生活過程を条件づけるのである。言わば、「国家諸形態は……物質的な諸生産関係に根ざしており[70]」、国家等の公的あるいは民間の社会福祉は絶対的に経済的生活過程に規定されるが、相対的に政治的生活過程・社会的生活過程・精神的生活過程が国家等の公的あるいは民間の社会福祉を規定する場合がある[71]。

かくして結論的には、社会福祉の基本問題を考察していく場合、資本主義社会の生産様式（その特徴は、生産手段の資本主義的所有に基づいて資本家が賃労働者を搾取する事にある。この生産様式では、剰余価値の生産が直接的目的であり、生産の決定的な動機である。資本主義の下では、生産の社会的性格と取得の私的資本主義的形態との矛盾が基本的矛盾となっている）との関連で考察していく事が重要であると言える。そして、経済的生活過程での生産手段の社会化のような変化と共に、国家等の公的あるいは民間の社会福祉が徐々に、あるいは急激に変革されると見る事ができる。

②社会福祉労働の二つの要因の分析

ところで、社会福祉は対象（社会問題としての生活問題を担った福祉利用者）、目的（福祉利用者が社会福祉労働及び社会福祉労働手段を享受し、人間らしい健康で文化的な生活活動［機能］の基盤である潜在能力［抽象的人間生活力＝人間が生活の際に支出する脳髄・神経・筋肉等を意味する・抽象的人間労働力＝人間が労働の際に支出する脳髄・神経・筋肉等を意味する］の維持・再生産・発達・発揮を**成就**する事）、手段（社会福祉労働及び社会福祉労働手段等）を総体的に捉え、そして、社会福祉の政策主体と福祉利用者を媒介しているのも社会福祉労働である。つまり、福祉利用者が実際に日常の生活過程で社会福祉労働を享受し、人間らしい健康で文化的な生活活動［機能］の基盤である潜在能力［抽象的人間生活力・抽象的人間労働力］の維持・再生産・発達・発揮を成就しているのは**事実（科学は思弁や仮定等から出発するのではなく、事実から出発するものである）の現象**であり、政策主体（総資本・国家等）の目的（価値・剰余価値の支配）を享受しているのも社会福祉労働によるものである。筆者はこの事実の現象の確認から出発する。そして、福祉利用者の生活手段としての現代資本主義社会における社会福祉労働の現象は、国家等の公的あるいは民間企業（特に社会福祉基礎構造改革以降後、企業の商品としての社会福祉労働サービスが増加している）の社会福祉労働以外のボランティア活動や非営利活動が拡大しているとは言え、支配的には国家等の公的あるいは民間の商品としての社会福祉労働が多く見られる。つまり、真田是氏が指摘されているように、「①金銭給付及び貸し付け、②福祉施設提供、③生活補助設備、器具の提供、④機能回復･発達のための設備、器具の提供、⑤生活の介助･介護、⑥予防･治療のための医療給付、⑦生活指導を含む機能回復・発達のためのリハビリテーション、⑧職業訓練給付、⑨診断・あっせん処置を含む相談などの人的手段を通じた直接的な現物給付、⑩問題発見や解決のための調査活動、⑪問題解決のための社会資源の伝達や社会的認識向上のための広報活動、⑫問題解決のための地域住民や関係団体、関係施設などの組織活動、⑬社会資源の有効活用のための連絡調整活動などの間接手段の提供[72]」等の社会福祉労働（社会福祉労働手段も含む）の**事実の現象**として見られ、しかも多くの場合、これらの社会福祉労働は複合的に行われ、また、社会福祉の歴史の発展過程においてその社会福祉労働の量と質は相違する。とは言え、これらの社会福祉労働の事実の現象を通して、社会福祉労働の二つの内在的な要因を分析していく事が重要である。

とするならば、社会福祉労働は第一に、生活手段として福祉利用者の何らかの種類の欲望を部分的あるいは全体的に享受しているのである（つまり、福祉利用者が人間らしい健康で文化的な生活活動［機能］の基盤である潜在能力［抽象的人間生活力］の維持・再生産・発達・発揮を行う事ができる欲望を享受する事)。この欲望の享受は、それが例えば物質的生産物（福祉施設、福祉機器、生活保護制度の金銭、福祉手当の金銭等）で生じようと、人的サービス（介護福祉サービス等）あるいは物質的生産物と人的サービスとの併用で生じようと、少しも福祉利用者にとってその**使用価値**の事柄の性質を変えるものではない。重要なのは、社会福祉労働手段と伴に社会福祉労働が福祉利用者に対象化（社会福祉労働の対象化とは、福祉利用者に社会福祉労働手段と伴に社会福祉労働者の抽象的人間労働力の凝固の社会関係を意味する）・共同化（社会福祉労働の共同化とは、二宮厚美氏が指摘されているように、社会福祉労働をひとつの労働過程として捉えた場合、社会福祉労働者がその労働主体となるが、社会福祉労働者と福祉利用者とのコミュニケーション過程の面から見ると、社会福祉の必要性・要求の発信主体は福祉利用者であり、社会福祉労働は福祉利用者の了解・合意を前提にして、ひとつの共受関係に入る事を意味する。そして、社会福祉労働者は福祉利用者の生活活動［機能］の基盤である潜在能力＝抽象的人間生活力に非言語及び言語的コミュニケーションを媒介にして働きかけ、その生活活動［機能］の基盤である潜在能力＝抽象的人間生活力を顕在化（発揮）させる事によって、福祉利用者は人間らしい健康で文化的な生活活動［機能］の基盤である潜在能力＝抽象的人間生活力の維持・再生産・発達・発揮を成就しているのであり[73)]、福祉利用者の欲望が享受される事によって、福祉利用者の人間らしい健康で文化的な生活活動（機能）の基盤である潜在能力＝抽象的人間生活力の維持・再生産・発達・発揮に部分的あるいは全体的に関係していると言う事は二重の観点から、即ち量と質の面から分析していく必要があるが、その有用性は福祉利用者にとって使用価値になる。しかもこの使用価値は、福祉利用者の社会福祉労働の使用関係や社会福祉労働の実体（実態）に制約されているので、その使用・享受関係や実体（実態）なしには存在しない。それ故、社会福祉労働における人的サービスの提供そのもの、生活手段提供そのもの、金銭給付そのもの等との使用・享受関係やその実体（実態）が使用価値なのである。そして、使用価値はどれぐらいの人的サービス、どれぐらいの生活手段、どれぐらいの金銭と言ったような、その量的な規定性が前提とされ、また、実際の使用と享受によってのみ成就される（つまり、実際に使用と享受されていない社会福祉は潜在的社会福祉であり、実際に使用と享受されている社会福祉は顕在的社会福祉である）。さらにこの使用価値は、原始共同体における相互扶助活動[74]、奴隷社会における都市国家の救済制度[75]、封建社会における農村の荘園の相互扶助活動及び都市ギルドの相互扶助活動・慈善活動と絶対王政下の救貧制度[76]、資本主義社会における社会福祉[77]、社会主義社会における社会福祉[78]、にも存在しており、社会福祉の素材的な内容をなしている。

使用価値はなによりもまず、多様に異なった量と質でありその有用性であるが、その使用価値を捨象するならば、社会福祉労働に残っているものは無差別に抽象的人間労働の、その支出形態（人的サービス提供形態の社会福祉労働、住宅提供形態の社会福祉労働、食物提供形態の社会福祉労働、金銭給付形態の社会福祉労働等）には関わりの無い抽象的人間労働の支出の、ただの凝固の社会関係のほかにはなにもない。これらの事が意味しているのは、ただ、その福祉利用者に社会福祉労働手段と伴に社会福祉労働者の抽象的人間労働が対象化・共同化され、福祉利用者の体内に抽象的人間労働が積み上げられ享受されていると言う事だけである。このような社会福祉労働の社会関係の結晶として、これらのものを価値（価値の社会的実体は、抽象的人間労働である）と言う。**つまり、抽象的人間労働が価値になるのは、人間の存在の根本的要素である自然素材と抽象的人間労働とが結合し、凝固状態の社会関係にあるからである。とするならば、福祉利用者（人間）と雖も自然素材と同次元（人間も自然的存在であり自然の一部であると言う意味）にあり、しかも人間（福祉利用者）に対して社会福祉労働者の抽象的人間労働が社会福祉**

労働手段とコミュニケーションを媒介として対象化・共同化され、福祉利用者がそれを享受（結合し凝固される事）し、人間らしい健康で文化的な生活活動（機能）の基盤である潜在能力（抽象的人間生活力・抽象的人間労働力）の維持・再生産・発達・発揮を部分的あるいは全体的に成就しているのである。

しかし、資本家はややもすると福祉利用者を労働力の欠損者あるいは無労働力者として認識しがちであり、価値の社会的実体とは無関係であると見なしがちである。この認識は**事実**と反する。と言うのは、例えば、障害者総合支援法において障害のある人（本章で「障害者」と言う用語を使用しない理由は、「障害者」と言う用語が恰もその人の全人格を決定づけ、他者と完全に異なる社会的集団であるかのような誤解を与えやすいからである）が授産施設（畳を製造している授産施設）で畳の物質的生産と自らの生活活動（機能）の基盤である潜在能力（抽象的人間生活力・抽象的人間労働力）の維持・再生産・発達・発揮を成就しているのは最も良い例である。

では、価値の大きさはどのようにして計られるのであろうか。それに含まれている価値を形成する社会的実体の量、すなわち社会福祉労働の量によってである。社会福祉労働の量そのものは、その社会福祉労働の継続時間で計られ、労働時間いわゆる一時間とか一日とかと言うような一定の時間部分をその度量標準としている。そして、価値はその社会福祉労働中に支出される労働量によって規定されると考えられる。そして、ある社会福祉労働者が怠惰または不熟練であればあるほど多くの労働時間を必要とするので、価値が大きいと思われるかも知れない。しかし価値の社会的実体をなしている労働は、同じ抽象的人間労働である。社会福祉労働界の価値となって現れる総労働は、無数の個別的労働から成り立っているが、ここでは一つの同じ抽象的人間労働と見なされるのである。これらの個別的労働のおのおのは、それが社会的平均労働と言う性格を持ち、このような社会的平均労働として作用し、従って社会福祉労働においてもただ平均的に必要な、または社会的に必要な労働時間とは、現在の社会的に正常な社会福祉労働の条件と、社会福祉労働の熟練及び強度の社会的平均度をもって、使用価値・価値の維持・再生産・発達の為に必要な労働時間である。それ故、ある使用価値の価値を規定するものは、ただ社会的に必要な社会福祉労働の量、即ち社会福祉労働を享受している福祉利用者の生活活動(機能)の基盤である潜在能力(抽象的人間生活力・抽象的人間労働力)の維持・再生産・発達に社会的に必要な労働時間だけである。また、価値、一定の大きさの凝固した労働時間でしかない。

さらに、単に価値を形成するだけではなく剰余価値も形成する。と言うのは、土台(現代資本主義社会の生産様式)に規定された国家の機関である旧厚生省は、社会福祉等の「『人間投資』は、経済発展の基底(経済発展の基底は利潤であり、利潤の原泉は剰余価値である—挿入、筆者)をなすもの、経済発展がそこから絶えず養分を吸収しなければならないものであり、経済の発展に背くものではなく、その発展とともにあるものである[79]」と考えており、社会福祉労働に必要な労働力商品の価値総額よりも高い事を欲するからである。国家は、国家財政を通して社会福祉労働者に労働力の価値(賃金)を支払うが、社会福祉労働者が一労働日(一日の労働時間)中に福祉利用者に対象化・共同化した価値は、社会福祉労働者自身の労働力の価値とこれを超過する部分とを含む。**即ち、一労働日は必要労働=支払い労働と剰余労働=不払い労働との二つの部分からなるのである。このように、社会福祉労働過程での剰余労働によって作り出された部分の価値を剰余価値と言う**。社会福祉労働過程(社会福祉労働過程は労働過程と価値増殖過程に分けられる)で剰余価値が形成されている事は、社会福祉労働者は搾取されている事を意味する。そして、物質的生産・サービス企業の資本にとって最も不可欠な生産要素である労働者そのものの生産・再生産は、資本の生産・再生産過程の一契機であるにも拘わらず、現在、富沢賢治氏も指摘されているように、「社会福祉……への国家財政支出の削減による追加搾取がなされ[80)]」、消費税の増税を行って国民に社会福祉の財政責任を転嫁している。

さらに一般的に、個別資本家側は社会福祉を空費と見なしがちである。しかし、もしも相対的過剰人口[81)]の一員である福祉利用者が存在しなければ、価値及び剰余価値を究極の目的としている総資本にとって、資本の蓄積及び拡大は不可能である。と言うのは、「資本の蓄積は、沈滞・好況・繁栄及び恐慌という産業循環を経ながら行われる。そして資本の蓄積は、好況及び繁栄の時期には、突然大規模に行われる。ところが資本の蓄積及び生産拡大が突然大規模に行われるためには、大量の労働力が生産過程に存在しなければならない。しかし、人口の自然増加によってこの膨大な労働力を突然供給する事は不可能である。急速で大規模な生産拡張が可能なのは、全く相対的過剰人口がつねに存在するからである[82)]」。この点と価値増殖過程における搾取に社会福祉等の社会保障に対する資本の責任と高負担を要求していく**社会的根拠**があると断定できるが、前述したように「現実にはその負担の大部分が国家財政をつうじて労働者階級および小ブルジョア層に転嫁されている[83)]。」

このように社会福祉は、福祉利用者の人間らしい健康で文化的な生活活動（機能）の基盤である潜在能力（抽象的人間生活力）の維持・再生産・発達・発揮の使用価値と現代資本主義社会の資本の再生産（価値と剰余価値）を保障する任務を果たし、社会福祉の基本的矛盾の統一対として存在しているが、しかしだからと言って、国家が自発的に社会福祉を創設したものではない。独占資本の段階において、生活困難な状況下にいる福祉利用者の福祉要求及び社会福祉労働者を初めとする労働者階級等に属する人々等が、生活困難からの解放を求めての社会福祉運動（労働組合運動も含む）等に対する譲歩である。と言うのは、現代資本主義社会において福祉利用者のような労働者階級等に属している人々は生産手段・生活手段から疎外されており、生活困難は必然的である（絶対的貧困）。生活困難な状況下の福祉利用者は、自分の非人間化を認識し、それ故に自分自身を止揚する非人間として生みださざるをえない。**かくして、生活困難な状況下にある福祉利用者、彼に社会福祉の必要性の認識をもたらしめ、内的必然性を持って、人間としての生存を求めて国家に社会福祉を要求していく社会福祉運動に赴かせざるを得ないのである。**つまり、生活困難の福祉利用者の「状態は、現在のあらゆる社会運動の実際の土台であり、出発点である[84]」。そして、こうした社会福祉運動は、「しばしば経済的性格から政治的性格へ移行し、サンディカリズムのいう最高の社会戦争まで発展していく可能性をはらんでいるのであって、このような自体は資本主義制度にとっての構造的危機を意味するものにほかならない[85]」。また、「どこでも政治的支配の基礎には[86]」、社会福祉等のような「社会的な公務活動があったのであり、また政治的支配は、それが自己のこういう社会的な公務活動を果たした場合にだけ長く続いた[87]」のである。

以上の論述によって社会福祉とは何か、筆者の独自の本質的定義を示すならば、以下のように定義を行う事ができる。**つまり、社会福祉とは、現代資本主義社会の生産様式に絶対的に規定されて生成してきた社会問題としての生活問題（生活手段の不足・欠如から関係派生的に生成してきた生活主体者の生活活動［機能］の基盤である潜在能力の維持・再生産・発達・発揮の阻害［福祉利用者の潜在能力の不足・欠如］の生活問**

題と生活手段の不足・欠如）の担い手である労働者階級や中間階級等の相対的過剰人口の一員を中心とした人々の生存権的平等保障運動に影響されて、社会問題としての生活問題の担い手に向けられた総資本の為の価値の形成・支配と剰余価値の取得・支配の国・地方自治体の社会福祉の総称であって（本質＝構造的認識）、その本質の現象的表現は、部分的あるいは全体的に福祉利用者の生活問題に対応する精神的・物質的な支援[88]及び保護等の使用価値を、公私の社会福祉労働及び活動・コミュニケーションの生活手段を媒介として、個別的・集団的・組織的及び総合的に保障し、それらの生活手段を福祉利用者（生活主体者）が享受し、人間らしい健康で文化的な生活活動（機能）の基盤である潜在能力（抽象的人間生活力・抽象的人間労働力）の維持・再生産・発達・発揮を日常の生活過程で成就するところにあると言える（機能的認識）。

2　本源的規定における社会福祉の使用価値の支援（労働）行為

社会福祉の本源的規定においては、現代資本主義社会と言う歴史的規定を捨象する事が必要であり、どんな経済的社会構成体にも存在している事に焦点をあてて論じていく。つまり、社会福祉の使用価値を享受する事によって、人間らしい健康で文化的な生活活動（機能）の基盤である潜在能力（抽象的人間生活力）の維持・再生産・発達・発揮を成就している事は、人類史の全過程に貫かれている人間にとって永遠のそして根源的な課題である（勿論、その質及び量の程度は、歴史的形態と発展によって異なる）。と言うのは、現在の社会福祉の使用価値の享受に関係する支援（労働）行為は、現代資本主義社会以前の社会における相互扶助、慈善事業・活動、救貧事業・活動にも見られる。

最初に相互扶助を見てみよう。原始共同体における相互扶助が当時の低生産力水準に規制された共同体内部における所有・生産・生活等の共同に基づいたものであったかも知れないが、しかし同時に、他人の生活困難を支援する最も端緒的かつ自然発生的及び主体的な行為であった事は言うまでもない。とするならば、支援対象者にとっての使用価値の享受への部分的あるいは全体的な支援（労働）行為の始まりは、私的（個人）としてではなく、公的な性質の可能性を帯びた共同体（集団）で行われていたと言っても良い。また、救貧法においても、労働意欲のない労働可能者に対する処罰は厳しいかったとは言え、支援（労働）対象者のような労働無能力者として見られがちなものは、「公共的な管理のもとに再建された救治院や救貧院に収容されるか、院外救済が与えられ[89]」て、使用価値の享受に部分的あるいは全体的に関係していた。さらに、支援（労働）対象者に対する慈善活動は、支援行為者の心情的動機による実践であり、支援（労働）行為者の自律を前提とするとは言え[90]、支援（労働）対象者にとっての使用価値に部分的あるいは全体的に関係していた。それ故、社会福祉は第一にどんな特定の経済的社会構成体に関わりなく考察しなければならないのである。

とするならば、社会福祉は第一に、支援（労働）行為者と支援（労働）対象者との間の支援（労働）過程である。この過程で支援（労働）行為者は、支援（労働）対象者に対して支援（労働）行為者自身の行為（コミュニケーションも含む）によって媒介し、規制し、制御するのである。支援（労働）行為者は、支援（労働）対象者にとっての使用価値に部分的あるいは全体的に関係する為に、支援（労働）行為者の身体に備わる自然力、腕や脚、頭や手を動かす。支援（労働）行為者は、この運動によって支援（労働）対象者にとっての使用価値に部分的あるいは全体的に関係し、そうする事によって、同時に支援（労働）行為者自身をも変化させる（支援･労働行為者自身の人間形成に繋がっていく事）。支援（労働）

行為者は、自分自身の自然の内に眠っている潜勢力を発現させ、その諸力の営みを自分自身の統御に従わせる。それ故、支援（労働）行為は合目的的な活動と言う事である。と言うのは、支援（労働）行為者は支援（労働）対象者を対象として、支援（労働）行為者の目的（支援・労働対象が使用価値を享受するのに部分的あるいは全体的に関係する事）を実現するのである。その目的は、支援（労働）行為者の頭脳の中に存在している。

また、支援（労働）行為の過程の単純な諸契機は、合目的的な活動または支援（労働）行為そのものとその対象とその手段である。そして、支援（労働）行為の対象は、生活活動（機能）の基盤である潜在能力（抽象的人間生活力）の維持・再生産・発達・発揮の困難な状況下にいる支援（労働）対象者である。さらに支援（労働）行為の手段は、支援（労働）行為者によって支援（労働）行為者と支援（労働）対象者との間に入れられて、支援（労働）対象者への支援（労働）行為者の働きかけの導体として、支援（労働）行為者の為に役立つものまたは色々な物の複合体である。それ故、支援（労働）行為者は、その手段の色々な物的、物理的、科学的、栄養的、医学的、教育的等の性質を利用して、それらの物を、支援（労働）行為者の目的に応じて、他の色々な物に対する力手段として作用させる。土地（例えば、福祉施設を建てる場所等）と自然環境（保育園では、海辺の自然環境を利用して水泳の訓練をしているところもある）も支援（労働）行為の手段になる。要するに、支援（労働）行為の過程では、支援（労働）行為者が支援（労働）行為の手段を利用して、支援（労働）対象者の生活活動（機能）の基盤である潜在能力（抽象的人間生活力）の維持・再生産・発達・発揮に部分的あるいは全体的に関係しているのである。

これまで筆者がその単純な諸契機について述べてきたような支援（労

働）行為の過程は、支援（労働）対象者にとっての使用価値の享受の合目的的な行為であり、また生活活動（基盤）の基盤である潜在能力（抽象的人間生活力）の維持・再生産・発達・発揮の**成就**と言う支援（労働）対象者の欲望を部分的あるいは全体的に満足させるものであり、さらに支援（労働）行為者と支援（労働）対象者との一般的な条件であり、全歴史を貫徹している自然条件である。従って、ある特定の歴史的形態（経済的社会構成体）に存在している相互扶助、慈善活動、救貧法、社会福祉に等しく共通なものである。それ故、筆者はどんな歴的な条件のもとで社会福祉が行われているかと言う点を捨象したのである。

3 歴史的規定における価値・剰余価値の社会福祉

前述においては、歴史的規定の入りこまない使用価値の支援行為の考察であった。そこで次に、歴史的規定における価値・剰余価値の社会福祉を考察して見よう。

現代資本主義社会の生産様式に絶対的に規定された国家[91]は、社会福祉のもう一つの要因、すなわち総資本が価値・剰余価値を支配し享受していく事を促進する（さらに、土台［資本主義社会の生産様式］に規定された上部構造に位置する新自由主義改革による社会福祉財政の削減・抑制策により総資本が価値・剰余価値を支配し享受していく事を促進する）。現に社会福祉基礎構造改革によって「①これまで公立や社会福祉法人運営を原則にしてきた社会福祉分野への民間営利企業の参入。②社会福祉サービス提供・給付制度の措置制度から民法上の契約制度への変更。③社会福祉利用にともなう費用負担体系の『応能負担』主義から『応益負担』主義への変更。④生存権の権利保障体系から契約制度を合理的に機能させるための手続き的『権利擁護制度』に限定された方向への転換[92]」の改革が行われ、総資本が価値・剰余価値を支配し享受していく事を促進する事が図られている。こうした社会福祉基礎構造改革後の社会福祉においては、市場原理を導入する事によってますます剰余価値（利潤及び収益性）の要因が高まっていく事により、以下のような矛盾が深刻化してくる。

矛盾の第１点は、福祉利用者を事業者や福祉施設に利益をもたらす消費者として捉えられ、福祉利用者が担っている社会問題としての生活問題が看過されると言う矛盾である。福祉利用者と言う用語は、一見、福祉利用者主体（消費者主体）の意向が反映されているような表現であるが、この用語を使用する場合、常に念頭に置かなければならない点は、福祉利用者が担っている生活問題の社会問題性である（何故ならば、真田是氏が指摘されているように、社会問題としての生活問題の「社会」は、現代資本主義的生産様式に見られるように、経済的必然性によってもたらされる問題と言う意味である[93]）。人権保障としての生存権的平等が、社会問題としての福祉利用者の生活問題を前提条件としているのは言うまでもないが、この点の認識が曖昧なものになってしまうと、国（地方自治体も含む）の公的責任も曖昧になってしまう。また、社会福祉基礎構造改革後の社会福祉においては、福祉利用者を一方的かつ単なる消費者として捉えている。果たしてそのような関係のみに捉えるのが妥当であろうか。共同作業所における福祉実践（福祉労働）から示されているように、「我々の歴史は当初から『同じ人間としての人格の対等平等』関係を大切にしてきたし、私たちの原点は、『障害者・家族の願いに応え』『障害者を主人公として』『仲間』として表現されているように、共に創る関係、共に困難を切り拓く関係であり、立場の違いや内部矛盾を内包しつつも、協力と共同関係、共感と信頼関係を基本として創られてきた歴史が[94]」が存在しているように、単なる消費者としての関係ではない。

矛盾の第２点は、利用制度（契約制度）の導入によって、福祉利用者と福祉施設・福祉事業者との対等関係が阻害されていると言う事である。「社会福祉基礎構造改革では…、措置制度に代わり利用制度に転換することとされた。利用制度では、利用者が自ら自分の好む福祉サービスの種類と事業者を選択することができる。利用者と事業者とが対等の関係になるのである[95]。」と述べているが、果たして対等な関係が成立するのであろうか。小松隆二氏が指摘されているように、「需給どちらの側に立とうと、市場参加者は基本的には自立し、それぞれが任意に参加し、対等の立場に立つ。その反面で、対等性の上に展開される**利害の競争**を前提にするので、市場で出会う需給両者は、利害がつねに一致するのではなく、むしろしばしば対立する。商品を供給するものは、できるだけ高価に、利益が多く出るように販売しようとするのに対し、需要するものは、できるだけ安価に購入し、コストを低くするように努める。いわば債権・債務関係であり、両者が利害を一つにするというよりも、むしろ利害を異にするのが常である。その結果は、**出発点の任意性や対等性の原則**を否定するかのように勝ち負け、不平等、差別の発生であった[96]。」つまり、利害の競争によって対等性は損なわれると言う事である。また、福祉利用者と福祉施設・福祉事業者との対等関係と言う美辞麗句の言葉の裏に隠されている、言わば義務と責任を全て福祉利用者の当事者に負わせる「商品取引モデル」が社会福祉において妥当であるかと言う問題が存在している。と言うのは、「福祉サービスの提供が、他の消費者問題と決定的に異なるのは、利用者にとって福祉サービスを受ける事が、生存や日常生活の維持に必要不可欠であり、譬えどんなサービスであっても取り敢えずの生存を確保する為に利用をせざるを得ないものである事、しかも施設であれば24時間、在宅や通所のサービスでも一定の時間、サービス提供者と継続的な関係を維持しなければならないと言う特殊な関係性を有している事である。この関係性から、そもそも利用者自身が、事業者と対等な関係に立って、自己に適切なサービスを選択して契約を締結したり、サービスの提供内容について要望や苦情を出してサービスの質の改善を求める事には、内在的・本質的な制約があるといってもいいのである[97]。」

矛盾の第３点は、福祉利用者の自立を支援していくと言いながら、福祉利用者の自立を阻害していると言う矛盾が存在している。「社会福祉で今日最も大切な基本理念の一つは、個人の尊厳である。憲法第十三条に掲げられているが、一人ひとりが一人の人間として尊重され、プライドをもって自己実現を図っていく事である。これは個人としての自立という事にも連結する。人間としてその人らしく自立する事は、個人の尊厳を保持する事と同じである。この自立を支援する事が、社会福祉の機能である[98]。」と述べているが、果たして自立生活を支援する事になっているのであろうか。つまり、障害のある人々の障害者総合支援法を例にして考えれば、「利用者の負担は、世帯の家計の負担能力に応じたものとするのが原則[99]」となっているが、世帯単位で費用負担を決定している事が自立生活の阻害に連結していると言う事である。と言うのは、福祉利用者の負担能力において扶養義務者の所得をも加味する時は、障害のある人々が福祉サービスを利用するに当たって扶養義務者の意向を無視する事ができなくなり、障害のある人々が扶養義務者から自立する事ができなくなるからである。

矛盾の第４点は、社会福祉政策は本来、使用価値＝公益を高めていくものでありながら、寧ろ使用価値＝公益を阻害していると言う矛盾が存在している。つまり、「社会福祉そのものは、資本の論理や営利活動とは原則として相いれず、非営利の公益原理に基づくものである。国・

自治体の福祉に関する政策や活動は勿論、民間の団体や個人の福祉に関する処遇やサービスのような事業・活動も、原則として公益原理に沿うものである[100]。」にもかかわらず、市場福祉を促進し、減価償却費の導入など一般企業の会計システムを基本として利益の追求が目指されている。

矛盾の第５点は、市場福祉における競争によって福祉サービスの質の向上が予定されているにも拘わらず、寧ろ福祉サービスの質の低下を招いていると言う矛盾が存在している。福祉サービスの質を規定しているものは、社会福祉労働手段等もさりながら社会福祉労働者自身の質が大きく規定しているし、また、社会福祉労働者自身の質を規定しているものは訓練（教育や研究も含む）・資格（社会福祉士や介護福祉士等）や労働条件等である。ところが、福祉施設・福祉事業者が利益を高めていく為には剰余価値を高めていく必要があり、その為には社会福祉士や介護福祉士等の無資格者の採用や低賃金かつ劣悪な労働条件を強いると言う矛盾が生成してくる。ゼンセン同盟・日本介護クラフトユニオンの2000年６月から７月にかけての「介護事業従事者の就業実態調査」によれば、「給与の支給形態は、時間給45.8%、月の固定給が45.1%である。時間給制では、１、000円台が41%と最も多く、１、500円未満と合わせると70%に及ぶ。一方、月の固定給制では、金額で最も多い層が15万円から20万円が53%、次いで20万円から25万円が23.3%、そして15万円未満が14.9%であった。また、通勤費については、一部負担が13.4%、なしが20.6%に及ぶ。業務に就く為の移動時間については、有給が50%強に留まっている（なお、待機時間については、登録ヘルパーの91.5%、パートヘルパー57.3%が無給となっている[101]。」そして、「ヘルパーの雇用形態が、正規・常勤ヘルパーの解雇・非常勤・パート化、有償ボランティア・登録ヘルパーへの転換など、雇用・身分の不安定化が急速に進んでいる[102)]。」そして、介護福祉士や社会福祉士訓練も疎かにされている。こうした雇用形態や労働条件等の労働実態から言える事は、実質的な福祉サービスの質の低下を招いていると言える。

矛盾の第6点は、民間企業の参入促進等の市場福祉が図られている一方において、国や地方自治体の公的責任の縮小が行われていると言う矛盾が存在している。国や地方自治体の公的責任は、「利用者の尊厳を確立し、費用負担のための費用を工面し、サービスの供給基盤を整備することである[103)]。」と述べているが、果たしてどのような公的責任であろうか。

社会福祉基礎構造改革後の社会福祉においては、福祉利用者が福祉サービスを市場で購入する事を前提に、福祉利用者の購買力を公費や保険給付の形で補完すると言う利用者補助方式を導入した点にある。そして、伊藤周平氏が指摘されているように、「こうした利用者補助方式では、行政責任として現れる国や地方自治体の公的責任の範囲は、従来の措置制度のもとでのサービスの提供と言った直接的なものから利用者の購買力の補完、さらにはサービスの調整などといった間接的なものに縮小、矮小化される。実際、従来の社会福祉事業法第三条では、社会福祉事業の担い手について、社会福祉法人などと並んで『国、地方公共団体』が明記され、同法五条の一では、福祉サービスの実施責任を他者に転嫁することは禁じられていたが、改正社会福祉法では、旧法のこれらの条文が削除され、国や地方自治体の行政責任は、福祉サービスの提供体制の確保、利用促進のための情報提供や相談援助など間接的役割に縮小されている（社会福祉法第六条、第七十五条）[104)]。」つまり、「社会福祉基礎構造改革で言われている国や地方自治体の公的責任とは、あくまでも、福祉サービスの直接的な提供責任ではなく、サービスの情報提供や利用援助といったコーディネイト的な責任にすぎない。福祉サービスの供給は、営利法人も含めた民間事業者に委ねる事を前提に、そうした民間企業の誘致などを行う事が『供給体制の整備』とされているので[105]」、その結果、基盤整備の不十分さが存在している。因みにその実態を見ると、「きょうされん」が2002年3月末日を基準日に実施した「障害者の為の社会資源の設置状況等についての調査」によれば、「支援費制度の対象となる福祉施設・事業所をすべて備える市町村は皆無であり、また、これらの福祉施設・事業所がまったくない市町村が14.9％もあると言う結果が明らかになっている。さらに福祉施設・事業別に見ると、通所型福祉施設がない（73.0％)、グループホームがない（73.1％)、デイサービスがない（86.6％)、ショートステイがない（60.9％）となっている。」こうした基盤整備の不十分さの結果、福祉利用者の福祉サービスの選択も抑制され、選択と言う言葉の形骸化が生成してくる。

矛盾の第7点は、社会福祉政策が市場福祉（契約制度）に従属（補完）している為、権利擁護システムが形骸化していると言う矛盾が存在している。と言うのは、伊藤周平氏が指摘されているように、「まず成年後見制度を見ても、担い手となる後見人の不足、経費等の問題等で障害のある人々の親がその役割を担っており、親亡き後の将来的な実効性が担保されていない。次に地域福祉権利擁護事業においては、本人にある程度の判断能力があることが前提で、対象者も在宅の知的障害のある人々に限定して解釈されているところに問題がある（判断能力を欠き、身寄りのない知的障害のある人々等の場合、市町村長の申立てによる成年後見制度の利用となるが、『家庭裁判所月報』によると2002年で258件と全体の1.9％で少数である）[106]。」「また、契約締結に関しては、法的には、いかに、本人が信頼する者であっても、正当な代理権の付与なしに本人になり代わって本人の名で記名捺印し、契約を結ぶことは違法である。成年後見制度が普及するまでの暫定措置とは言え、こうした違法行為を肯認する……厚労省の見解には問題がある。一方、サービス利用に関する苦情などについては、事業者と利用者の間で解決する事が基本とされ(社会福祉法第八十二条等)、事業者にサービスの自己評価や第三者が加わった福祉施設内における苦情解決のしくみの整備が求められている(社会福祉法第七十五条第一項、第七十八条等)。事業者と利用者との当事者間で解決できない苦情に関しては、都道府県社会福祉協議会に設けられた運営適正化委員会により解決をはかるとされ、また市町村も、サービス利用に関する苦情又は相談に応じることとされている（身体障害者福祉法第九条第三項及び第十七条の三第一項、知的障害者福祉法第九条第三項及び第十五条の四第一項、児童福祉法第二十一条の二十四第一項及び第二項)。とは言え、事業者に対する直接の指導監督は都道府県が行い、市町村は実施主体であるが、指定取り消し等の権限を有しているわけではないため、苦情解決といっても、ほとんど形式的な苦情相談で終わっているのが実情である[107)]。」このように現行の権利擁護事業は、形骸化が進んでいる。つまり、権利擁護事業は、市場福祉に従属し、判断能力が不十分な人々が自己責任により福祉サービスを購入する事を可能にする為の役割を担わされていると言ってもよい。

矛盾の第8点は、社会福祉において追加搾取を強めていく為に、不公平税制を強め、その一方において、社会福祉における応益負担（社会福祉の利用の際の利益に応じて費用を負担する事）の強化と社会福祉財政の削減・圧縮（垂直的所得再分配の絶対的な縮小を意味する）・抑制策の強化と言う矛盾が深刻化する。因みにその不公平税制の実態を見ると、梅原英治氏が指摘されているように、「所得階級別の所得税負担は、高所得層ほど金融所得が多くて分離課税の恩恵を受けるので、合計所得が一億円を超えるほど負担率が低くなっている[108)]。」そして、「法人税の基本税率は1989年度まで40%だったのが、90年度から37.5%、98年度から34.5%、99年度から30%、2012年度から25.5%に引き下げられた。さらに研究開発投資減税の拡充（2003年度）による負担率の引き下げのほか、組織再編成税制の創設・改定（2001、2007年度）、連結納税制度の創設（2002年度）、欠損金繰越期間の延長（2004年度、2001年分から遡及適用）、減価償却制度の抜本見直し（2007、2008年度）、外国子会社配当の益金不算入（2009年度）などによる課税ベースの縮小[109)]」が行われている。「要するに、法人所得が増加しても、法人税負担が増えないようにされてきたのである[110)]。」

4 統一（総合）規定における社会福祉と課題

以上のように社会福祉の中には対立的な要因、つまり福祉利用者にとっての使用価値の要因と国家・総資本にとっての価値・剰余価値の要因が存在し、この対立的要因は「一方では、お互いに他を予想しあい、制約しあっているが、しかも同時に他を否定しあい、排除しあっているという関係にある」と言う矛盾対として統一（総合）されているが、これが社会福祉に内在している発展の原動力である。では前述の矛盾を打開し、剰余価値としての社会福祉を没落させ、福祉利用者にとっての使用価値を高めていく社会福祉の実践（労働）課題を考察していこう。

まず第1点の福祉実践（福祉労働）課題は、社会福祉は現代資本主義社会の生産様式（特に生産関係、つまり生産手段・生活手段が資本の所有にあり、その為に生産物［社会福祉に必要とされる財貨及びサービスも含めて］と言う富の私的取得が可能になると言う仕組）に絶対的に規定されているので、また社会福祉労働者は社会福祉労働の為に必要な社会福祉労働諸条件（福祉施設及び福祉事業所等）から分離されているので（社会福祉労働者の労働力の商品化）、不破哲三氏が指摘されているように、「生産手段（福祉労働手段—挿入、引用者）を社会の手に移すことが、（現代資本主義社会における社会福祉労働内の使用価値と価値・剰余価値の矛盾対—挿入、引用者）の解決の合理的な仕方となる[111]」事が将来の課題となる。つまり、生産手段を社会の手に移す事は、生産手段の社会化[112]である。また聴濤弘氏も指摘されているように、「生産手段の私的・資本主義的所有を社会的所有に転化することである。これは一過的な『立法的措置』によって樹立される側面と、生産関係の総体としての社会的所有を持続的に確立していく側面とがあり、それぞれ区別されなければならない。前者は法的形態であり、後者は経済的実態である。経済的実態の内容は一過的な行為によって労働者が生産手段の所有者になるというだけではなく、生産手段を労働者が管理・運営することができ、労働者が搾取から解放され生産の真の『主人公』になることを意味する[113]。」そして、「社会主義社会の経済的民主義を確立するために、生産手段の社会化の多様な具体的形態が考えられている。国家、地方自治体、協同組合、株式会社、労働組合、全社員自主管理等を基礎とする多様な所有形態が存在する[114]」。そして、社会福祉労働諸条件（福祉施設及び福祉事業所等）の社会化後は、福祉労働は賃労働と言う疎外された姿態を脱ぎ捨て、大谷禎之介氏が指摘されている事を福祉労働に置き換えて考えてみると次のようなアソーシエイトした福祉労働の特徴を持つ。「①福祉労働する諸個人が主体的、能動的、自覚的、自発的にアソーシエイトして行う福祉労働である。経済的に強制される賃労働は消滅している。②福祉労働する諸個人が福祉利用者に直接的に対象化・共同化する社会的な福祉労働である。③福祉労働する諸個人が全福祉労働を共同して意識的・計画的に制御する行為である。福祉利用者の生活活動（機能）の基盤である人間らしい健康で文化的な潜在能力の維持・再生産・発達の成就を目的意識的に制御すると言う人間的本質が完全に実現される。④協業・自治として行われる多数の福祉労働する諸個人による社会的労働である。社会的労働の持つ福祉労働力はそのまま彼かつ彼女らの福祉労働の社会的労働力として現れる。⑤福祉利用者を普遍的な対象とし、協働・自治によって福祉利用者を全面的に制御する福祉実践的行為、即ち福祉労働過程への科学の意識的適用である。⑥力を合わせて福祉労働過程と福祉従事者とを制御する事、また目的（福祉利用者の人間らしい健康で文化的な潜在能力の維持・再生産・発達の成就）を達成する事によって、福祉実践者に喜びをもたらす人間的実践、類的行動である。だから福祉労働は諸個人にとって、しなければならないものではなくなり、逆になによりもしたいもの、即ち第一の生命欲求となっている。⑦福祉労働する諸個人が各自の個性と能力を自由に発揮し、全面的に発展させる行為である。福祉労働する諸個人が共同的社会的な活動のなかで同時に自己の個性を全面的に発揮し、発展させる事ができる福祉労働である事、これこそがアソーシエイトした福祉労働の決定的な人間的本質である」（基礎経済科学研究所編『未来社会を展望する』大月書店、2010年、17～18頁）。それゆえアソーシエイトした福祉労働は、福祉利用者にとって社会福祉労働の使用価値を高めていく事になる。しかもアソシエーションにおける社会的総労働生産物のうち次のものが控除されると指摘されている。「第一に、直接的に生産に属さない一般的な管理費用。第二に、学校、衛生設備などのような、諸欲求を共同でみたすためにあてられる部分。第三に、労働不能なものなどのための、要するに、こんにちのいわゆる公的な貧民救済にあたることのための基金」（マルクス／エンゲルス［後藤洋訳］『ゴータ綱領批判／エルフルト綱領批判』新日本出版、2000年、26頁）のように、福祉に必要な基金を社会的総労働生産物からあらかじめ差し引くとしている。

第２点の福祉実践（福祉労働）課題は、梅原英治氏が指摘されているように、「消費税がその逆進的負担構造のために所得再分配機能を低め[115]」ているので、「消費税の増税によらず、所得税・法人税・資産課税を再生する[116]」事が課題である。「所得税では、総合・累進課税を追求し、税率については、後退させられてきた累進を少なくとも1998年水準（最高税率75%）には回復する必要がある。2013年度税制改正大綱では、所得税の最高税率について、現行1800万円超40%を2015年度から400万円超45%に引き上げたが、『所得再分配機能の回復』と呼ぶには不十分である。とりわけ配当所得・株式譲渡益に対する時限的軽減税率（2013年末まで10%）の適用をただちにやめて本則20%に戻し、高額の配当・譲渡益に対してはさらに高い率を適用すべきである[117]。」「法人税では、2015年からの税率引き下げ（30～25.5%）を中止し、研究開発税、連結内税制度などの大企業優遇措置をやめることが必要である。そして独立課税主義に立脚して、法人の規模・負担能力・受益の度合いにもとづき適正な税負担を求める法人税制を確立すべきである（段階税率の導入や受取配当金不算入制度の廃止など）。移転価格やタックスヘイブン（軽課税国）などを利用した国際的租税回避は徹底的に防止しなければならない[118]。」また聴濤弘氏が指摘されているように、「福祉の財源がないなら剰余価値から引き出せば良いのである。……。その上で若干具体的にみると現に大企業は250兆円（平成29年8月時点での内部留保は、406兆2,500億円に達している―挿入、筆者）もの内部留保を持っている。いま社会保障給付費は94兆849億円である（2008年）。部門別では医療費29兆6、117億円、年金49兆5、443億円、福祉その他14兆9,289億円である。内部留保を引き出せるなら、社会保障の面でも非正規社員問題でも巨大な事ができる事は明瞭である。問題はどのようにして引き出せるかである。賃上げ等の経済的手段で引き出せる方法がある。しかし直接、財源を確保する為には内部留保が違法に蓄えられているものでない以上、内部留保に課税できるように税制を変える必要がある。」（聴濤弘著『マルクス主義と福祉国家』大月書店、2012 年、162 ～ 163 頁）さらに「福祉財源の確保の為に金融投機を規制する金融取引税（トービン税）の導入も緊急の課題である。トービン税の提唱者であるアメリカのノーベル賞受賞経済学者ジェームス・トービン氏の試算では、1995 年時点のアメリカで為替取引に 0.1％の税を掛けただけで3,120 億ドルの税収が得られるとしている。」（聴濤、前掲書、163 頁）

第３点の福祉実践（福祉労働）課題は、具体的権利規定の法制化である。と言うのは、社会福祉事業から「社会福祉法への改正による基本的な問題点のひとつとして、この改革が、利用者の権利制を明確にし、選択や自己決定を保障するものとされながら、そしてそのための権利擁護の諸制度を創設したとされながら、社会福祉法上の規定として、福祉サービス利用者の権利性を明確に定めた規定が一切ないという根本的欠陥がある [119)]。」また、障害のある人の総合支援法をはじめとした福祉関連諸法にも、福祉利用者の権利性を規定する規定が盛り込められなかったという問題がある。それ故、次のような具体的な権利の法制化が課題である。つまり、河野正輝氏が指摘されているように、「（１）社会福祉の給付請求の権利（給付の要否や程度は、行政庁の一方的な裁量によって左右されるのではなく、社会福祉の必要性の有する人々の請求権に基づいて決定される。そして、給付請求権を権利として受給できるためには、①給付を申請することができること、②適切な基準を満たした給付内容を求めることができること、③いったん決定された給付を合理的な理由なく廃止されないこと等の規範的要素が満たさなければならない）、（２）社会福祉の支援過程の権利（社会福祉の支援過程で誤ったケアや虐待等が行われないことが重要である。その為には、①福祉サービスの種類・内容及びこれを利用する時の権利と義務について知る権利、②自己の支援方針の決定過程に参加する権利、③福祉施設利用者の場合、自治会活動を行い、それを通じて福祉施設の管理運営及び苦情解決に参加する権利、④拘束や虐待等の危害・苦役からの自由の権利、⑤通信・表現・信教の自由の権利、⑥プライバシーの権利、⑦貯金・年金など個人の財産の処分について自己決定の権利等が保障されること)、(３) 社会福祉の費用負担の免除の権利 (社会福祉の必要性によって誰でも普遍的に給付請求権が保障される為には、一定の所得以下で社会福祉を必要としながら、それに要する費用を負担できない人々に対して負担の免除が伴うのでなければならない。したがって、①免除を申請することができること、②免除の決定処分を求めることができること、③あらかじめ定められた徴収基準に反する徴収額に対してはその取り消しを求めることができる等が当然に求められなければならない)、(４) 社会福祉の救済争訟の権利 (社会福祉の給付の内容や費用負担の額等を巡って権利が侵害された時、苦情の申し立て、不服申し立てや訴訟を提起して救済を求めることが保障されなければならない。現行では社会福祉法による苦情解決から、社会保険審査官及び社会保険審査会法、行政不服審査法及び行政事件訴訟法等がある。行政処分に対する不服審査や訴訟等の手段は厳格な手続きを必要とするので、支援過程の苦情解決には必ずしも適さない場合もある。そこでオンブズマン方式等の苦情解決の取り組みが広がりつつある。また､独立の救済機関を設置する) の４つの権利[120]」の下に、国及び地方自治体 (都道府県、市町村) の財政責任及び運営責任の下での公的責任を担保した上で、市町村が直接、社会福祉を提供していく現物給付型の仕組みを構築していく事が課題である。

第４点の福祉実践 (福祉労働) 課題は､福祉利用者が社会福祉労働 (社会福祉労働手段を含む) を効率的に享受し人間らしい健康で文化的な生活を成就する為にも、福祉利用者の生活活動 (機能) の基盤である潜在能力の顕在化（発揮）保障の確立と福祉教育等による機能的潜在能力の発達である。と言うのは、アマルティア･センが前述されているように、福祉は福祉利用者が実際に**成就**するもの―彼/彼女の「状態」（being）はいかに「よい」（well）ものであるか―に関わっているものであるから、福祉利用者の能動的・創造的活動（例えば、障害のある人の授産施設で一定の労働ができること等）の生活活動（機能）の基盤である潜在能力や受動的・享受活動（例えば、施設で出された食事を味わい適切な栄養摂取ができること等）の生活活動（機能）の基盤である潜在能力が重要となってくる。従って、福祉サービス（手段）そのものの不足・欠如のみの評価に固執するのではなく、さらに手段を目的（福祉利用者が社会福祉を使用して人間らしい健康で文化的な生活活動（機能）の基盤である潜在能力＝抽象的人間生活力・抽象的人間労働力の維持・再生産・発達・発揮の享受及び成就）に変換する福祉利用者の能動的・創造的活動と受動的・享受活動の生活活動（機能）の基盤である潜在能力の維持・再生産・発達・発揮の阻害（潜在能力の不足・欠如）にも注目していく必要がある。もし福祉利用者にこれらの生活活動（機能）の基盤である潜在能力に不足・欠如があるならば、これらの機能的潜在能力の発達の為の学習活動や支援活動等が必要であり支援していく事が課題であるが、これらの機能的潜在能力の内容はアマルティア・センの共同研究者であるマーサC. ヌスバウム氏の指摘が参考になる。つまり、マーサC. ヌスバウム氏は、機能と密接な関係があるケイパビリティ（潜在能力）を次のように指摘している。「①**生命**（正常な長さの人生を最後まで全うできること。人生が生きるに値しなくなる前に早死にしないこと）、②**身体的健康**（健康であること［リプロダクティブ･ヘルスを含む］。適切な栄養を摂取できていること。適切な住居にすめること）、③**身体的保全**（自由に移動できること。主権者として扱われる身体的境界を持つこと。つまり性的暴力、子どもに対する性的虐待、家庭内暴力を含む暴力の恐れがないこと。性的満足の機会および生殖に関する事項の選択の機会を持つこと）、④**感覚・想像力・思考**（これらの感覚を使えること。想像し、考え、そして判断が下せること。読み書きや基礎的な数学的訓練を含む［もちろん、これだけに限定されるわけではないが］適切な教育によって養われた“真に人間的な”方法でこれらのことができること。自己の選択や宗教・文学・音楽などの自己表現の作品や活動を行うに際して想像力と思考力を働かせること。政治や芸術の分野での表現の自由と信仰の自由の保障により護られた形で想像力を用いることができること。自分自身のやり方で人生の究極の意味を追求できること。楽しい経験をし、不必要な痛みを避けられること）、⑤**感情**（自分自身の周りの物や人に対して愛情を持てること。私たちを愛し世話してくれる人々を愛せること。そのような人がいなくなることを嘆くことができること。一般に、愛せること、嘆けること、切望や感謝や正当な怒りを経験できること。極度の恐怖や不安によって、あるいは虐待や無視がトラウマとなって人の感情的発達が妨げられることがないこと［このケイパビリティを擁護することは、その発達にとって決定的に重要である人と人との様々な交わりを擁護することを意味している］）、⑥**実践理性**（良き生活の構想を形作り、人生計画について批判的に熟考することができること［これは、良心の自由に対する擁護を伴う］）、⑦**連帯**（A 他の人々と一緒に、そしてそれらの人々のために生きることができること。他の人々を受け入れ、関心を示すことができること。様々な形の社会的な交わりに参加できること。他の人の立場を想像でき、その立場に同情できること。正義と友情の双方に対するケイパビリティを持てること［このケイパビリティを擁護することは、様々な形の協力関係を形成し育てていく制度を擁護することであり、集会と政治的発言の自由を擁護することを意味する］ **B** 自尊心を持ち屈辱を受けることのない社会的基盤をもつこと。他の人々と等しい価値を持つ尊厳のある存在として扱われること。このことは、人種、性別、性的傾向、宗教、カースト、民族、あるいは出身国に基づく差別から護られることを最低限含意する。労働については、人間らしく働くことができること、実践理性を行使し、他の労働者と相互に認め合う意味のある関係を結ぶことができること)、⑧**自然との共生**（動物、植物、自然界に関心を持ち、それらと拘わって生きること)、⑨**遊び**（笑い、遊び、レクリエーション活動を楽しむこと)。⑩**環境のコントロール**（**A 政治的**　自分の生活を左右する政治的選択に効果的に参加できること。政治的参加の権利を持つこと。言論と結社の自由が護られること。**B 物質的**　形式的のみならず真の機会という意味でも、［土地と動産の双方の］資産を持つこと。他の人々と対等の財産権を持つこと。他者と同じ基礎に立って、雇用を求める権利を持つこと。不当な捜索や押収から自由であること）[121)]」。そして、機能的潜在能力の発達の学習活動や支援活動等の実践例として次のような障害のある人の福祉施設（社会福祉法人大木会「あざみ寮」）での社会福祉労働が挙げられる。「単に『生きているだけ』ではなく『人間らしく生きる』ことが求められているのはいうまでもありません。人間らしく生きるために、憲法では多くの権利を保障しています。この人間らしく生きる権利の一つに『学ぶ』権利があります。どんなに障害が重くても学ぶ権利があるのです、……学ぶことは、人間らしく生きること、さらにより豊かに生きることを、障害の重い人たちの分野でも証明しているのです[122)]。」つまり、社会福祉労働においては、人間らしい健康で文化的な生活活動（機能）の基盤である潜在能力（抽象的人間生活力・抽象的人間労働力）の維持・再生産・発達・発揮が享受あるいは成就できる社会福祉の法制度・施設等の量的及び質的保障の側面（福祉政策的実践＝労働）と社会福祉の特性（固有価値）を活かして、福祉利用者が人間らしい健康で文化的な生活活動（機能）の基盤である潜在能力（抽象的人間生活力・抽象的人間労働力）の維持・再生産・発達・発揮が享受及び成就できる生活活動（福祉利用者の能動的・創造的生活活動と受動的・享受的生活活動の潜在能力の発揮）の支援の側面（福祉臨床的実践＝労働）の統一的実践（労働）が課題である。

第５点の福祉実践（福祉労働）課題は、福祉利用者の能動的・創造的活動（例えば、料理を作る事等）と受動的・享受活動（例えば、料理を味わい適切な栄養摂取を行う事等）の潜在能力の発揮を促進していく場合、社会福祉労働者は福祉利用者の能動的・創造的活動と受動的・享受活動の潜在能力の認識と支援していく事を社会福祉現場での労働経験によって積み重ね、知的熟練と福祉利用者の能動的･創造的活動と受動的･享受活動の潜在能力を引き出すコミュニケーション能力を向上させていく事が課題である。それには社会福祉労働者の労働・賃金条件の保障と職場での裁量権・自治の確立が必要である。つまり、二宮厚美氏が指摘されているように、前者は「長時間･過密労働に追い込んではならない、生活苦や不安・悩みを抱え込まざるをえない処遇・賃金条件のもとにおいてはならない、ということです。安い賃金で福祉労働者をこき使ってはならない[123)]」。後者は、「現在の福祉現場では、新自由主義的改革のもとで、市場化の嵐が吹き荒れる一方で、逆にその内部では、労働のマニュアル化にそった管理主義、福祉施設のトップダウン型リーダーシップの強化などが横行してい[124)]」る中で、「福祉の職場では専門的裁量権にもとづく自治が必要[125)]」であると考える。何故ならば、「社会福祉の職場は社会福祉労働者と福祉利用者が相互のコミュニケーションによって運営していく場だと考えるし[126)]」、その方が福祉利用者の能動的・創造的活動と受動的・享受活動の潜在能力を引き出せると考える。

第6点の福祉実践（福祉労働）課題は、今後、市町村を中心とした地方主権型福祉社会が重要であるならば、地方主権型福祉社会の財政（財源）的基盤となる地方主権的財政（財源）システムを構築していく事である。それには、神野直彦氏が指摘されているように、次のような方法による地方主権的財政(財源)システムの構築が重要である。例えば、「比例税率で課税される比例所得税を、地方税体系の基幹税に据えることは日本では容易である。つまり、個人住民税を10%の比例税にした結果をシュミレーションして見ると、国税の所得税から地方税の個人住民税に3兆円の税源移譲が実現する（2007年に3兆円の税源委譲が実現した)。しかし、地方税体系としては、比例的所得税を基幹税とするだけでは不十分である。と言うのは、比例的所得税では、所得を受け取った地域でしか課税できないし、他の市町村に居住している人々で、その市町村で事業を営む人々、あるいは事業所に働きに来る人々にも課税できないので不十分である。なぜならば、むしろ居住者よりも事業活動をしている人々や働いている人々の方が、市町村の公共サービスを多く利用している。そこで所得の分配地で分配された所得に比例的に課税するだけでなく、所得の生産局面で課税する地方税として事業税が存在しているので、事業税を所得型付加価値税（IVA「所得型付加価値税」= C「消費」+ I「投資」－ D「減価償却費」= GNP「国民総生産」－ D = NNP「国民純生産」=W「賃金 + 利子 + 地代」+P「利潤」）に改めることによる「事業税の外形標準化」として実現する。事業税を所得型付加価値税に改めれば、事業税が事業活動に応じた課税となる。そうなると市町村は、公共サービスによって地域社会の事業活動を活発化すればするほど、安定的な財源が確保できる。さらに地方税体系は、こうした所得の生産局面に比例的に課税される地方税を追加しただけでも不十分である。と言うのは、所得の生産局面での課税では、その市町村で生産活動を行う人々にしか課税されないからである。市町村には生産活動だけではなく、観光地や別荘地に見られるように、消費活動を行いに来る人々も市町村の公共サービスを利用しているので、消費に比例した負担を拡充することが必要である。つまり、日本では、現在、こうした地方税としての地方消費税が存在しているので、この消費税のウエイトを拡充していけばよいことになる[127)]。」「このように地方税では所得循環の生産・分配・消費と言う３つの局面でバランスをとって課税する必要があり、こうした地方税体系を構築していくことが社会福祉の財源の税方式にとって必要であり課題でもある[128)]。」そして、こうした地方税体系でもってしても、人間らしい健康で文化的な最低限度の生活保障である社会福祉の推進の財政（財源）に市町村間の格差が発生した場合、国の地方交付税によって是正していく事が必要となる。

第７点の福祉実践（福祉労働）課題は、社会福祉財政の削減・圧縮・抑制と社会福祉法制度の改悪に反対する民主統一戦線の結成である。社会福祉の発展を図り福祉利用者にとっての社会福祉の使用価値を高めていく為には、富沢賢治氏が指摘されているように、「国家独占資本主義の手にゆだねて矛盾の増大を許すか、あるいは民主義的な手続きにもとづいて[129)]」社会福祉の歪みを正し、福祉利用者の人間的欲求に見合った社会福祉の発展を図っていく必要がある。民主的な統一戦線を結成する為には、福祉利用者及び社会福祉労働者を中心とする「労働者階級が中心的な社会的勢力として主導的な役割を果たし[130)]」、「労働者階級の階級的民主統一戦線が不可欠の条件となる[131)]。」が、「第一に、要求にもとづく統一行動の発展が必要である。統一行動発展の基本原則は、①一致点での統一、②自主性の統一、③対等・平等と民主的運営、④統一を妨げる傾向にたいする適切な批判、⑤分裂・挑発分子を参加させないことである。第二に、統一行動の繰り返しだけではなく、政策協定と組織協定にもとづいた全国的規模の統一戦線を結成することが必要である[132]。」社会福祉基礎構造改革後の社会福祉は、国の財政難を理由に新自由主義的（新自由主義の考え方は、社会の資源配分を市場の自由競争で実現しようとする。そして、国家の経済への介入は市場の自由競争を制約すると言うことから、国家の福祉への介入も批判する。しかも市場の自由競争によってもたらされた生活の不安定や貧困を市場の自由競争の強化で解決しようとするので、明らかに生活の不安や貧困を拡大するものである）な市場原理の導入・公的資源の削減等といった構造改革の基調が色濃く影響している。そして、構造改革の基調であった適者生存的な市場原理や公的責任の縮小だけが残るとすれば、国民の求める社会福祉に逆行することは言うまでもない。それ故、生活の場である地域（市町村）から、地域住民の社会福祉の必要性や福祉現場の実情を踏まえた議論を積み重ねて、どのような社会福祉が望ましいのかについての合意を形成する事が求められている。合意形成においては、社会福祉協議会が「地域の社会福祉問題を解決し、住民生活の向上を目的にした地域住民と公私の社会福祉機関・団体より構成された民間組織[133]」であり、しかも社会福祉基本要綱においても「社会福祉協議会を『一定の地域社会において、住民が主体となり、社会福祉、保健衛生その他住民生活の改善向上に関連のある公私関係者の参加、協力を得て、地域の実情に応じ、住民の福祉を増進することを目的とする民間の自主的な組織である』[134]」とするならば、市町村の社会福祉協議会の役割が重要になってくる。また、さらに重要なのは、それぞれの市町村において、高齢者運動・保育運動・障害のある人の当事者運動等が相互に社会福祉労働者の労働組合等と連携を模索しながら、社会福祉基礎構造改革後の社会福祉に内在している矛盾と実践（労働）課題を多くの地域住民に知らせ、その矛盾をそれぞれの市町村における政治的争点にしていく運動の広がり、また運動の側から、社会福祉再編の構想を提示していく活動が、社会福祉の普遍化や福祉利用者本位等の社会福祉の形成に連結していくものであり、いま早急に運動側からの社会福祉再編構想の提示が求められていると考えられる。

巻末注釈

1)　二宮厚美箸『発達保障と教育・福祉労働』（全国障害者問題研究会出版部、2005年、74頁）。

2)　関家新助著『社会福祉の哲学』（新中央法規出版、2011年、168頁）。

3)　一番ケ瀬康子・その他「対談―社会福祉の歴史と理論の展開」（仏教大学通信教育部『二十一世紀の社会福祉をめざして』ミネルヴァ書房、2002年、5頁）。

4)　アマルティア・セン（鈴村興太郎訳）『福祉の経済学』（岩波書店、1988年、15頁）。

5)　戸坂潤著『科学論』（青木書店、1989年）を参考にする。

6)　戸坂潤著『認識論』（青木書店、1989年）を参考にする。

7)　例えば、認識は社会福祉の講演及び教育と言う形態、社会福祉の認識に基づく福祉施設での採用の際の価値判断と言う形態、社会福祉の認識に基づく社会福祉労働及びボランティア活動と言う形態等としても、発現される。

8)　社会福祉労働者や社会福祉研究者等は、福祉利用者の人間らしい健康で文化的な生活（人間らしい健康で文化的な生活活動[機能]の基盤である抽象的人間生活力・抽象的人間労働力の維持・再生産・発達・発揮の成就）を保障していく事を福祉実践（福祉労働）的認識の目的とし、その福祉実践（福祉労働）的認識を阻害する要因を除去していく社会運動を展開していかなければならない。

9)　松村一人著『変革の論理のために』（こぶし書房、1997年、94～109頁）を参考にする。

10)　福祉利用者は社会福祉労働（社会福祉労働手段も含む）を享受し、人間らしい健康で文化的な生活を成就している。そして、現代資本主義社会における社会福祉労働の事実の現象は、多様な社会福祉労働の分野に分かれ、多様な社会福祉労働を行っている。つまり、社会福祉労働は、真田是氏が指摘されているように「①金銭給付及び貸付、②福祉施設提供、③生活補助設備、器具の提供、④機能回復・発達のための設備、器具の提供、⑤生活の介助・介護、⑥予防・治療のための医療給付、⑦生活指導を含む機能回復・発達のためのリハビリテーション給付、⑧職業訓練給付、⑨診断・あっせん処置を含む相談などの人的手段を通じた直接的な現物給付、⑩問題発見や解決のための調査活動、⑪問題解決のための社会資源の伝達や社会的認識向上のための広報活動、⑫問題解決のための地域住民や関係団体、関係施設などの組織活動、⑬社会資源の有効活用のための連絡調整活動などの間接手段の提供」の事実の現象として見られ、しかも多くの場合、これらの社会福祉労働は複合的に行われ、また、歴史の発展過程においてその社会福祉労働の量と質は相違する。そして、現代資本主義社会における社会福祉労働は、福祉利用者にとって使用価値として現象する。つまり、福祉利用者に対する社会福祉労働は第一に、使用価値として福祉利用者の何かの種類の欲望を満足させるものである（つまり、福祉利用者が人間らしい健康で文化的な生活活動［機能］の基盤である抽象的人間生活力・抽象的人間労働力の維持・再生産・発達・発揮を行う事ができる欲望を満たす事）。この欲望の性質は、それが例えば物質的生産物（福祉施設、福祉機器、生活保護制度の金銭給付等）で生じようと、人的サービス（ホームヘルプサービス等）あるいは物質的生産物と人的サービスとの併用で生じようと、少しも事柄を変えるものではない。重要なのは、社会福祉労働が福祉利用者に対象化・共同化される事によって、福祉利用者の人間らしい健康で文化的な生活（人間らしい健康で文化的な生活活動[機能]の基盤である抽象的人間生活力・抽象的人間労働力の形成）の維持・再生産・発達・発揮に部分的あるいは全体的に関係しているという事実である。そして、福祉利用者の人間らしい健康で文化的な生活（人間らしい健康で文化的な生活活動[機能]の基盤である抽象的人間生活力・抽象的人間労働力の形成）の維持・再生産・発達・発揮に部分的あるいは全体的に社会関係しているという事は、二重の観点から、すなわち質と量の面から分析されていく必要があるが、その有用性は使用価値にする。しかし、この使用価値は空中に浮いているのではない。この使用価値は、社会福祉労働の実体（実態）の所属性に制約されているので、その実体（実態）なしには存在しない。それ故、社会福祉労働における人的サービスの提供そのもの、生活手段提供そのもの、金銭給付そのもの等が使用価値なのである。そして、使用価値は、どれぐらいの人的サービス、どれぐらいの生活手段、どれぐらいの金銭といったような、その量的な規定性が前提とされ、また、実際の使用によってのみ実現される。さらに使用価値は、前述したどんな社会体制の福祉活動・労働（原始共同体の相互扶助活動、奴隷社会における都市国家の救済制度、封建社会における農村の荘園の相互扶助活動及び年のギルドの相互扶助活動・慈善活動と絶対王制下の救貧制度、資本主義社会の社会福祉にも存在しており、社会福祉労働の素材的な内容を成している。

11) 古川孝順「社会福祉学の曲がり角」（財団法人鉄道弘済会社会福祉部編『社会福祉研究』第82号、財団法人鉄道弘済会、2001年、84頁）。

12) 三塚武男著『生活問題と地域福祉』（ミネルヴァ書房、1997年、４～５頁）。

13）ベンクト・ニイリエ（河東田博・その他訳）『ノーマライゼーションの原理』（現代書館、1998年）。

14）八巻正治著『アオテアロア／ニュージーランドの福祉のインクルージョン』（学苑社、2001年）。

15）フリードリヒ・エンゲルス著『反デューリング』（大月書店、1955年、175～176頁）。

16）障害のある人の自立支援法では、減免措置を受けても自律的に自由に使用できる金銭は減額する。例えば、鹿児島市内に居住する知人の知的障害のある男性（42歳）は、障害基礎年金や共同作業所で働いた工賃等で約11万8,000円の月収がある。ここからホームの家賃、光熱費、食費などの生活費を除くと、毎月約１万8,000円の自律的に自由に使用できる金銭は6,000程度に減額となる。しかも、重度の障害のある人ほど、多様な福祉サービスを受けてはじめて人間らしい健康で文化的な生活が可能となるのに、負担が重くなるのは問題である。

17）二宮厚美氏が指摘されているように、社会福祉は対人コミュニケーションを基本としており、直接的に福祉利用者に働きかけていく事に重要性がある。そして、対人コミュニケーションはその両極を構成する社会福祉労働者と福祉利用者相互の共同化を通したお互いの享受の場となる（ここでの共受とは、社会福祉労働者と福祉利用者とが言語・情報活動を媒介にしてお互いが相手を享受しあう関係を意味する）。つまり、対人コミュニケーションは、福祉利用者の潜在能力の中の共受能力を引き出し、高める場であると言って良い。また、このような共受能力が福祉利用者の福祉サービス等に対する評価能力の形成にとって重要である事は言うまでもない。と言うのは、福祉利用者の福祉サービス等に対する評価能力は地域等の場において形成され、従って地域内等の対人コミュニケーションを媒介にして高められる。そして、福祉サービス等の有する属性（特性）は福祉利用者の享受＝評価能力を通して可変的に顕在化してくると見なす事ができる。福祉利用者の享受＝評価能力が高い場合と低い場合とでは、同一の量的及び質的な福祉サービス等でも福祉利用者の潜在能力の発揮の仕方に違いがでてくるのは明らかであって、福祉サービス等の固有価値（固有価値とは、人間の働きかけを受けてその顕在化を待機している潜在的な価値を意味する）の顕在化に違いが生じる。二宮厚美著『福祉国家の姿とコミュニケーション労働』（文理閣、2007年）。

18）社会構成体は、土台（経済的生活過程）と上部構造（政治的生活過程、精神的生活過程等）からなっていると考えると、上部構造である国（地方自治体も含む）

等の社会福祉は土台に規定されて社会的性格と社会的形態が与えられる。つまり、「国家形態は…物質的な諸生産関係に根ざしている」のである。それゆえ、上部構造をなす国等の社会福祉もまた基本的に現代資本主義社会の生産関係の土台に規定されることを意味する。カール・マルクス（杉本俊朗訳）『経済学批判』（大月書店、1953年、15頁）。

19) 公共性の基準は、福祉事業や福祉サービスが特定の個人や私的企業に占有されたり利潤を直接の目的として運営されるのではなく、全ての地域住民に利用機会を平等に保障され、しかも容易に利用されるか、社会的公平の為に運営される事を基準とするのが妥当である。

20) アマルティア・セン（鈴木興太郎訳）『福祉の経済学』（岩波書店、1988年、1頁）。

21) アマルティア・セン、前掲書、21～22頁。

22) 高島進著『社会福祉の歴史』（ミネルヴァ書房、1994年、11～12頁、16頁、124～132頁）。

23) 例えば、障害者支援制度における居宅介護支援費（丙地単価）の中の身体介護は1時間4,020円である。1日8時間の身体介護を行うものとすると、4時間＝16,080円の余分の価値、すなわち剰余価値が形成されると推定できる。こうした剰余価値は、居宅介護事業者が利潤として取得する。

24) 拙稿「社会福祉基礎構造改革後の社会福祉の矛盾と課題」（岐阜大学地域科学研究報告書第16号、2005年3月）において、社会福祉基礎構造改革後の社会福祉が多くの矛盾を生み出し、深刻化させている事を論じている。

25) これからの社会福祉の推進機関は地方自治体が中心となるので、次のような地方税を拡充する地方主権的財政システムが必要である（神野直彦・その他編『福祉政府への提言』岩波書店、1999年、266～314頁）。つまり、神野直彦氏が指摘されているように、「比例税率で課税される比例所得税を、地方税体系の基幹税に据えることは日本では容易である。つまり、個人住民税を10%の比例税にした結果をシミュレーションして見ると、国税の所得税から地方税の個人住民税に3兆円の税源委譲が実現する。しかし、地方税体系としては、比例的所得税を基幹税とするだけでは不十分である。と言うのは、比例的所得税では、所得を受け取った地域でしか課税できないし、他の市町村に居住している人々で、その地域社会で事業を営む人々、あるいは事業所に働きに来る人々にも課税できないので不十分である。ところが、むしろ居住者よりも事業活動をしている人々や働いている人々の方が、市町村の公共サービスを多く利用している。そこで所得の分配地で配分された所得に比例的に課税するだけでなく、所得の生産局面で発生した所得に比例的に課税する必要がでてくる。日本ではすでに所得の生産局面で課税する地方税として事業税が存在しているので、事業税を所得型付加価値税（IVA「所得型付加価値税」＝C「消費」＋I「投資」－D「減価償却費」＝GNP「国民総生産」－D＝NNP「国民純生産」＝W「賃金＋利子＋地代」＋P「利潤」に改めることによる「事業税の外形標準化」として実現する。事業税を所得型付加価値税に改めれば、事業税が事業活動に応じた課税となる。そうなると地方自治体は、公共サービスによって地域社会の事業活動を活発化すればするほど、安定的な財源が確保できる（逆に安定的な財源が確保できれば、地方自治体は地域社会の事業活動を活発化させる公共サービスも増大させることができる。さらに地方税体系は、こうした所得の生産局面で比例的に課税される地方税を追加しただけでも不十分である。と言うのは、所得の生産局面での課税では、その市町村で生産活動を行う人々にしか課税されないからである。市町村には生産活動だけでなく、観光地や別荘地に見られるように、消費活動を行うために来る人々も市町村の公共サービスを利用しているので、消費に比例した負担を拡充することが必要である（日本では、現在、こうした地方税としての地方消費税が存在しているので、この地方消費税のウエイトを高めることが必要である。」

このように、「地方税では所得循環の生産・分配・消費と言う三つの局面でバランスをとって課税する必要があり」、こうした地方税体系を構築していく事が公費負担方式の福祉財政にとって必要であり課題でもある。そして、こうした地方税体系でもってしても、健康で文化的な最低限度の社会福祉の推進の際に、地方自治体間の福祉財政の格差が発生した場合、中央政府の地方交付税によって是正していく事が必要になってくる。

以上の課題を達成していく事は、新自由主義的な考え方に基づく社会福祉、つまり国及び地方自治体の公的責任の縮小及び放棄、公的福祉の解体と民営化・営利化（商品化と言う方向に向かう現在の社会福祉を転換させ、国及び地方自治体の公的責任と公費負担方式による福祉等の利用者のための地方主権的な福祉財政を実現することにもなると思われる。

26) 河野正輝「生存権理念の歴史的展開と社会保障・社会福祉」（社会保障・社会福祉大事典刊行委員会編『社会保障・社会福祉大事典』旬報社、2004年、482～486頁）

27) フリードリヒ・エンゲルス ., 土屋保男・その他訳『家族・私有財産・国家の起源（新日本出版社、2001 年、27 頁）。

28) 宮本みち子「生活とは何か」（松村祥子・その他著『現代生活論』有斐閣、1988 年、22 〜 23 頁。

29) 一定の運動のなかで自己を増殖する価値。資本の基本的形態は産業資本であり、生産手段の私的所有に基づいて資本家が賃労働者を搾取する生産関係である（社会科学辞典編集委員会編、前掲書、123 〜 124 頁）。

30) カール・マルクス ., 岡崎次郎訳、前掲書③、217 頁。

31) カール・マルクス ., 岡崎次郎訳、前掲書③、239 〜 240 頁。

32) カール・マルクス ., 岡崎次郎訳、前掲書③、241 頁。

33) 流動的過剰人口は、一時的失業者である（宮川実著『マルクス経済学辞典』青木書店、1965 年、190 頁。

34) 潜在的過剰人口は、没落していく小生産者ことに農民である（宮川実著『マルクス経済学辞典』青木書店、1965 年、190 頁。

35) 停滞的過剰人口は、定職を失いきわめて不規則につけるだけの者である（宮川実著『マルクス経済学辞典』青木書店、1965 年、190 頁。

36) 特に障害のある人の雇用率（労働力の使用権を販売できない人々の率が低い。因みにその雇用率を見ると、「2011 年 6 月 1 日の障害者雇用状況は、民間企業の法定雇用率達成企業の割合は 45.3% であり、54.7% が達成していない（財団法人厚生統計協会編『国民の福祉と介護の動向・厚生の指標』増刊・第 59 巻第 10 号・通巻 925 号、2010 年、135 頁。この為に、生活保護を受給しなければ、障害のある人々の人間らしい健康で文的な生命・抽象的人間労働力の維持・再生産・発達は不可能である。因みに生活保護の受給実態を見ると、「生活保護を受けている傷病・障害者世帯は全体の 33.1% にあたる。」（財団法人厚生統計協会編『国民の福祉と介護の動向・厚生の指標』増刊・第 59 巻第 10 号・通巻 925 号、2010 年、188 頁。

37) 宮川、前掲辞典、189 〜 190 頁。

38) 橘木俊詔著『日本の教育格差』（岩波書店、2010 年、54 頁）。

39) 橘木、前掲書、167 頁。

40) 福島みずほ箸『格差社会を考える』（明石書店、2007 年、28 頁）。

41) センの「ケイパビリティ」（潜在能力 capability）は、人が自分のしたい事ができる能力を表現したものである。ケイパビリティは人がどのようなファンクショニングを実現できるか、その選択肢の広がりを示す事によって実質的な自由を表現しようとする概念である(野上裕生「アマルティア・センへの招待」絵所秀紀・その他編著『アマルティア・センの世界』晃洋書房、2004年、4頁。

42) Sen, Amartya., 鈴木興太郎訳、前掲書、41～42頁。

43) Sen, Amartya., 鈴木興太郎訳、前掲書、21～22頁。

44) 橋本佳博・その他著『障害をもつ人たちの憲法学習』(かもがわ出版、1997年、199頁)。

45) Sen ,Amartya., 鈴木興太郎訳、前掲書、42頁。

46) 二宮厚美著『発達保障と教育・福祉労働』(全国障害者問題研究会出版部、2005年、74頁)。

47) 二宮、前掲書、115～150頁。

48) 高島進著『社会福祉の歴史』(ミネルヴァ書房、1994年、10頁)。

49) 高島、前掲書、11～12頁。

50) 高島、前掲書、16～17頁。

51) 高島、前掲書、26～31頁。

52) バースニ・Q・マジソン(光信隆夫・その他訳)『ソ連の社会福祉』(光生館、1974年)。

53) 1959年度版『厚生白書』、13頁。

54) 「働き口をみつけることができず、資本の蓄積が必要とするのにくらべて『過剰』となった失業あるいは半失業の労働者のこと。資本主義のもとでは、生産力が増大するにつれて、資本の有機的構成が高まり、労働者をやとうための資本部分(可変資本は絶対的には増大するが、生産手段を買い入れるための資本部分(不変資本)とくらべて相対的には少なくなる。すなわち、労働力にたいする需要が相対的に少なくなる。このことから、労働力の一部は資本の蓄積が必要とするのにくらべて相対的に過剰になり、相対的過剰人口がうまれる。……相対的過剰人口には、流動的・潜在的・停滞的過剰人口および極貧層がある。」(社会科学辞典編集委員会編、前掲書、191頁)流動的過剰人口は、「資本蓄積の過程で生産の縮小や新しい機械の導入などのため一時的に失業した労働者層のこと。」(社会科学辞典編集委員会編、前掲書、326頁)潜在的過剰人口は、「はっきり失業というかたちをとらず潜在化している。……かれらは、農業では一年のうちわずかの日数しか働けないし、工業でも働き口がみつからないので、農村でどうにかくらしている状態にある。」(社会科学辞典編集委員会編、前掲書、185頁)停滞的過剰人口は、「ふつうの労働者より就業は不規則・不安定であり、賃金はひじょうに低く、労働時間は長い。」(社会科学辞典編集委員会編、前掲書、221 頁) 極貧層は、「相対的過剰人口の最下層で、『公的扶助』を必要とする長期の失業者、孤児、零落者、労働能力喪失者、ルンペン・プロレタリアートなどからなる。」(社会科学辞典編集委員会編、前掲書、92 頁)

55) 1959 年度版『厚生白書』、13 頁。

56) 栃本一三郎「国際比較制度研究のあり方～制度からの接近」(阿部志郎・その他編『社会福祉の国際比較』有斐閣、2000 年、53 頁。

57) カール・マルクス (武田隆夫・その他訳)『経済学批判』(岩波書店、1956 年、239 ～ 240 頁)。

58) 大友、前掲書、17 ～ 18 頁。

59) アマルティア・セン (鈴木興太郎訳)『福祉の経済学』(岩波書店、1988 年、15 頁)。

60) 松村一人著『変革の論理のために』(こぶし書房、1997 年、41 頁)。

61) 宮本みつ子「生活財の体系」(松村祥子・その他著『現代生活論』有斐閣、1988 年、61 頁。

62) 宮本、前掲書、62 頁。

63) 富沢賢治氏は、「社会的生活過程で問題とされるのは、全体社会あるいは社会総体ではなく、血縁関係と地縁関係からはじまる種々の人間関係 (男女関係、親子関係、家族、地域集団、部族、種族、民族など) あるいは主として人間の再生産 (自己保存と種の生産) と人間の社会化 (社会学でいう socialization) に関連する小社会集団といった、全体社会の内部に存在する部分社会に関係する生活過程である。経済的生活過程のもっとも基本的な問題が生活手段の生産だとすれば、社会的生活過程のもっとも基本的な問題は人間の生産だといえる。」(富沢、前掲書、25 頁) と述べられている。

64) マルクス = エンゲルス (真下信一訳)『ドイツ・イデオロギー』(大月書店、1992 年、54 頁)。

65) マルクス = エンゲルス (真下信一訳)、前掲書、54 頁。

66) 富沢、前掲書、23 頁。

67) 富沢賢治氏は、「社会的生活過程で問題とされるのは、全体社会あるいは社会総体ではなく、血縁関係と地縁関係からはじまる種々の人間関係 (男女関係、親子関係、家族、地域集団、部族、種族、民族など) あるいは主として人間の再生産 (自己保存と種の生産) と人間の社会化 (社会学でいう socialization) に関連する小社会集団といった、全体社会の内部に存在する部分社会に関係する生活過程である。経済的生活過程のもっとも基本的な問題が生活手段の生産だとすれば、社会的生活過程のもっとも基本的な問題は人間の生産だといえる。」（富沢、前掲書、25 頁）と述べられている。

68）富沢賢治氏は、「政治的生活過程で問題とされるのは、諸個人、諸集団の政治的諸関連である。これらの関連を階級関係視点から社会構成体のなかに構造化・形態化してとらえかえしたものが『法的・政治的諸関係』『国家形態』である。」（富沢、前掲書、25 頁）と述べられている。

69）富沢賢治氏は、「精神的生活過程は諸個人、諸集団の精神的な生産—コミュニケーション—享受の過程であり、ここで問題とされるのは諸個人、諸集団の精神的諸関連である。精神的生活過程が生み出す産物は、言語、芸術、科学などが数多いが、これらの産物のなかでもとりわけ階級関係に規定されるところが大きい政治理念、哲学、宗教などが、『社会的意識形態』として社会構成体のなかに形態化・構造化される。」（富沢、前掲書、25 頁）と述べられている。

70）カール・マルクス（杉本俊朗訳）『経済学批判』（大月書店、1953 年、15 頁）。

71）例えば、新自由主義思想（精神的生活過程）により、社会福祉財政の削減・圧縮・抑制が行われているのはもっとも良い例である。

72）真田是編『社会福祉労働』（法律文化社、1975 年、42 頁）。

73）二宮厚美著『公共性と民間委託—保育・給食労働力の公共性と公務労働—』（自治体研究社、2000 年、122 頁）。

74）高島進著『社会福祉の歴史』（ミネルヴァ書房、1994 年、10 頁）。

75）高島、前掲書、11 ～ 12 頁。

76）高島、前掲書、16 ～ 17 頁。

77）高島、前掲書、26 ～ 31 頁。

78）バースニ・Q・マジソン（光信隆夫・その他訳）『ソ連の社会福祉』（光生館、1974 年）。

79）1959 年度版『厚生白書』、13 頁。

80）富沢、前掲書、75 ～ 76 頁。

81）「働き口をみつけることができず、資本の蓄積が必要とするのにくらべて『過剰』となった失業あるいは半失業の労働者のこと。資本主義のもとでは、生産力が増大するにつれて、資本の有機的構成が高まり、労働者をやとうための資本部分（可変資本）は絶対的には増大するが、生産手段を買い入れるための資本部分（不変資本）とくらべて相対的には少なくなる。すなわち、労働力にたいする需要が相対的に少なくなる。このことから、労働力の一部は資本の蓄積が必要とするのにくらべて相対的に過剰になり、相対的過剰人口がうまれる。……相対的過剰人口には、流動的･潜在的･停滞的過剰人口および極貧層がある。」(社会科学辞典編集委員会編、前掲書、191 頁）流動的過剰人口は、「資本蓄積の過程で生産の縮小や新しい機械の導入などのため一時的に失業した労働者層のこと。」(社会科学辞典編集委員会編、前掲書、326 頁）潜在的過剰人口は、「はっきり失業というかたちをとらず潜在化している。……かれらは、農業では一年のうちわずかの日数しか働けないし、工業でも働き口がみつからないので、農村でどうにかくらしている状態にある。」(社会科学辞典編集委員会編、前掲書、185 頁）停滞的過剰人口は、「ふつうの労働者より就業は不規則・不安定であり、賃金はひじょうに低く、労働時間は長い。」(社会科学辞典編集委員会編、前掲書、221 頁）極貧層は、「相対的過剰人口の最下層で、『公的扶助』を必要とする長期の失業者、孤児、零落者、労働能力喪失者、ルンペン・プロレタリアートなどからなる。」(社会科学辞典編集委員会編、前掲書、92 頁）

82) 宮川実著『マルクス経済学辞典』(青木書店、1965 年、190 頁)。

83) 社会科学辞典編集委員会編、前掲書、92 頁。

84) フリードリヒ・エンゲルス（全集刊行委員会訳)『イギリスにおける労働者階級の状態』(大月書店、1981 年、 9 頁)。

85) 孝橋正一著『全訂社会事業の基本問題』(ミネルヴァ書房、1993 年、165 頁)。

86) 有田光男著『公共性と公務労働の探求』(白石書店、1993 年、165 頁)。

87) 有田、前掲書、165 頁。

88) 本稿では援助と支援の意味の違いを考慮して、支援の言葉を使用する。つまり、障害ある人（福祉利用者）を物事の中心に据えたとき、「援助」という概念には、援助者側からの一方的で上から障害のある人を見下す上下関係としての「たすけ（援け、助け)」の構造がある。一方、「支援」という概念には、障害のある人の意思を尊重し支え、その上で協力を行うという、障害のある人主体の考え方が内在している。Bill, Were., 河東田博・その他訳『ピープル・ファースト：支援者のための手引き』(現代書館、1996 年、92 頁)。

89) 右田紀久恵・その他編『社会福祉の歴史』(有斐閣、1982 年、24 頁)。

90) 池田敬正著『日本社会福祉史』(法律文化社、1986 年、45 ～ 430 頁)。

91) マルクス＝エンゲルスは、国家について次のように述べている。「国家という形態において支配階級の人々は彼らの共通の利益を押し立て、そしてこの時代の全市民社会はその形態のなかでまとまるものである以上、あらゆる共通の制度は国家の手を介してとりきめられ、何らかの政治的な形態をもたせられることになる。法（『国家意志』の愚見たる～引用者）というものが、あたかも意志、しかもそれの現実的土台からもぎはなされた、自由な意志にもとづきでもするかのような幻想はそこからくる」（マルクス＝エンゲルス，真下信一訳、前掲書、118頁）つまり、現象上は一般的にあたかも超階級的「公共的」的であるかの如き外観をとるが、土台（生産諸関係の総体）に規定された階級国家である。その意味で、国家は総資本が社会福祉の価値・剰余価値を支配し享受していく事を促進する。

92）社会福祉辞典編集委員会編『社会福祉辞典』（大月書店、2002年、237頁）。

93）真田是「社会福祉の対象」（一番ケ瀬康子・その他編『社会福祉論』有斐閣、1968年、45頁）

94）共同作業所全国連絡会編『実践・経営・運動の新たな創造を目指して』（1984年、8～9頁）。

95）炭谷茂編『社会福祉基礎構造改革の視座』（ぎょうせい、2002年、10頁）。

96）小松隆二著『公益学のすすめ』（慶応義塾大学出版、2000年、76頁）。

97）日本弁護士連合会高齢者・障害者の権利に関する委員会編『契約型福祉社会と権利擁護のあり方を考える』（あけび書房、2002年、108頁）。

98）炭谷、前掲書、107頁。

99）福祉行政法令研究会著『障害者総合支援法がよ～くわかる本』（株式会社 秀和システム、2012年、26頁）。

100）小松、前掲書、161～162頁。

101）加藤薗子「社会福祉政策と福祉労働」（植田章・その他編『社会福祉労働の専門性と現実』かもがわ出版、2002年、27～28頁）

102）加藤、前掲書、27～28頁。

103）炭谷、前掲書、107頁。

104）伊藤周平著『社会福祉のゆくえを読む』（大月書店、2003年、36頁）。

105）伊藤、前掲書、37頁。

106）伊藤、前掲書、41～43頁、137頁。

107）伊藤、前掲書、136～137頁。

108）梅原英治「財政危機の原因と、打開策としての福祉国家型財政」（二宮厚美・福祉国家構想研究会編『福祉国家型財政への転換』大月書店、2013年、129頁。

109）梅原、前掲書、129～131頁。

110）梅原、前掲書、131 頁。

111）不破哲三『マルクスは生きている』（平凡社、20001 年、155 頁）。

112）生産手段の社会化は、「労働者の側が企業を管理し運営していくことであるといえる最終的に何らかの形態で生産手段を『自分のもの』にすることが管理・運営権を真に保障するものであるが、この権利を獲得することが生産手の社会化のもっとも重要な部分である。」（聴濤弘著『マルクス主義と福祉国家』大月書店、2012 年、150 頁）

113）聴濤、前掲書、198 ～ 199 頁。

114）聴濤、前掲書、149 頁。

115）梅原、前掲書、140 頁。

116）梅原、前掲書、140 頁。

117）梅原、前掲書、140 ～ 141 頁。

118）梅原、前掲書、141 頁。

119）日本弁護士連合会高齢者・障害者の権利に関する委員会編、前掲書、33 頁。

120）河野正輝「生存権理念の歴史的展開と社会保障・社会福祉」（社会保障・社会福祉大事典刊行委員会編『社会保障・社会福祉大事典』旬報社、2004 年、482 ～ 486 頁）

121）Martha C. Nussbaum（池本幸生・その他訳）『女性と人間開発―潜在能力アプローチ―』（岩波書店、2005 年、92 ～ 95 頁）

122）橋本佳博・その他著『障害をもつ人たちの憲法学習』（かもがわ出版、1997 年、42 頁）。

123）二宮厚美『発達保障と教育・福祉労働』（全国障害者問題研究会出版部、2005 年、96 頁）。

124）二宮、前掲書、96 頁。

125）二宮、前掲書、96 頁。

126）二宮、前掲書、96 頁。

127）神野直彦「三つの福祉政府と公的負担」（神野直彦・その他編『福祉政府への提言』岩波書店、1999 年、296 ～ 301 頁）地方税を拡充する事への反対論には、地方税を拡充すれば、財政力の地域間格差が拡大すると言う点にある。しかし、個人住民税の比例税率化で国税から地方税に税源移譲を実施すれば、国税と地方税とを合わせた税負担には変化がないけれでも、地方税だけを見ると、低額所得者は増税となり、高額所得者は減税となる。そうだとすれば、低額所得者が多く居住する貧しい地方の地方税収入がより多く増加し、高額所得者が多く居住する豊かな地方の地方税収がより少なく増加することになる。したがって、地方自治体間の財政力格差をむしろ是正しつつ、自主財源である地方税の拡充が可能なのである（神野、前掲書、298頁）。

128）神野、前掲書、301頁。

129）富沢、前掲書、86頁。

130）富沢、前掲書、89頁。

131）富沢、前掲書、89頁。

132）富沢、前掲書、83頁。

133）社会福祉辞典編集委員会編、前掲辞典、237頁。

134）社会福祉辞典編集委員会編、前掲辞典、237～238頁。

●著者紹介

竹原 健二（たけはら けんじ）

社会福祉研究者　1950 年鹿児島県生まれ

著書

『障害者福祉の基礎知識』（筒井書房、単著）、『障害者の労働保障論』（擢歌書房、単著）『障害者福祉の理論的展開』（小林出版、単著）、『社会福祉の基本問題』（相川書房、単著）、『現代福祉学の展開』（学文社、単著）、『障害者問題と社会保障論』（法律文化社、単著）、『社会福祉の基本問題』（相川書房、単著）、『障害のある人の社会福祉学』（学文社、単著）、『保育原理』（法律文化社、編著）『福祉実践の理論』（小林出版、編著）、『現代の社会福祉学』（小林出版、編著）、『現代地域福祉学』（学文社、編著）、『現代の障害者福祉学』（小林出版、編著）、『現代の社会福祉学』（小林出版、編著）、『現代障害者福祉学 J（学文社、編著）、『介護と福祉システムの転換』（未来社、共著）、『現代社会福祉学』（学文社、編著）『障害のある人の社会福祉学原論』（メディア・ケアプラス、単著）、『社会福祉学の探究』（小林出版、単著）

翻訳

スーザン・キャンドラー「社会政策とアメリカの福祉国家」
（西日本短期大学法学会編『大憲論叢』第 33 巻合併号上）
スーザン・キャンドラー「社会政策とアメリカの福祉国家」
（西日本短期大学法学会編『大憲論叢』第 33 巻合併号下）
Devine. Edward T『Social Work』
（社会福祉研究センター編『草の根福祉』第 42 号、序文、目次、第 1 章－第 3 章、雅号：Roman BRILLIANT）
Devine. Edward T『Social Work』
（社会福祉研究センター編『草の根福祉』第 43 号、第 4 章－第 7 章、雅号：Roman BRILLIANT）
Devine. Edward T『Social Work』
（社会福祉研究センター編『草の根福祉』第 44 号、第 8 章－第 11 章、雅号：Roman BRILLIANT）
Devine. Edward T『Social Work』
（社会福祉研究センター編『草の根福祉』第 45 号、第 12 章－第 15 章、雅号：Roman BRILLIANT）
Devine. Edward T『Social Work』
（社会福祉研究センター編『草の根福祉』第 46 号、第 16 章－第 19 章、雅号：Roman BRILLIANT）

社会福祉学の科学方法論

2018 年 5 月 6 日　初版　第 1 刷　発行

著　者　竹原（たけはら）　健二（けんじ）
発行者　新舩　海三郎
発行所　株式会社　本の泉社
〒 113-0033　東京都文京区本郷 2-25-6
電話 03-5800-8494　FAX 03-5800-5353
http://www.honnoizumi.co.jp/
DTP デザイン　音羽印刷　株式会社
印刷　音羽印刷　株式会社
製本　株式会社　村上製本所

ISBN978-4-7807-1690-0　C0036　¥1200E